ullstein

Die Autorinnen

Lena Greiner, geboren 1981 in Hamburg, ist Journalistin und Buchautorin. Sie studierte Politikwissenschaft und Internationale Beziehungen in Hamburg, Berlin und Washington, D.C. Seit 2013 ist sie Redakteurin beim SPIEGEL. Zusammen mit Carola Padtberg hat sie bereits fünf Bücher veröffentlicht, darunter mehrere Bestseller.

Carola Padtberg, geboren 1976 im Rheinland, ist Journalistin und Buchautorin. Sie studierte Literatur und Politik in Bonn und London und ist seit 2005 Redakteurin beim SPIEGEL.

LENA GREINER
CAROLA PADTBERG

Unser Mathelehrer unterrichtet von draußen – damit er dabei rauchen kann!

DIE LUSTIGSTEN
STORYS ÜBER LEHRER

MIT CARTOONS VON
HAUCK & BAUER

ULLSTEIN

Besuchen Sie uns im Internet:
www.ullstein-taschenbuch.de

Hinweis der Autorinnen:

Rechtschreib-, Grammatik- und Zeichensetzungsfehler in den Anekdoten wurden von uns korrigiert. Die meisten Gesprächspartner und Einsender baten um strikte Anonymität; wenn Namen und Orte vorkommen, haben wir diese geändert. Wir können die Erinnerungen unserer Leserinnen und Leser nicht in Gänze verifizieren, haben aber keinen Anlass, an deren Richtigkeit zu zweifeln. Wenn wir für Begriffe wie „Schüler", „Lehrer" oder „Pädagogen" das generische Maskulinum verwenden, sind damit selbstverständlich alle Geschlechter gemeint.

Originalausgabe im Ullstein Taschenbuch
1. Auflage August 2020
© Ullstein Buchverlage GmbH, Berlin 2020
In Kooperation mit DER SPIEGEL, Hamburg
Umschlaggestaltung: zero-media.net, München
Titelabbildung: FinePic®, München
Satz: Red Cape Production, Berlin
Gesetzt aus der Berkeley Oldstyle und Officina Sans
Druck und Bindearbeiten: CPI books GmbH, Leck
ISBN 978-3-548-06254-9

Inhalt

Einleitung

»Die Schule ist wie eine Sitcom«, schreibt eine Schülerin der Jahrgangsstufe 12 aus Nordrhein-Westfalen. »Ich habe nur noch nicht die versteckte Kamera gefunden.«

Jeder war in der Schule, und jeder erinnert sich daran. An trostlose Gebäude und zugige Schulhöfe, an Mattenwagen (stinken) und Medienwagen (defekt) und an das mulmige Gefühl, wenn die Mathelehrerin den Notenspiegel an die Tafel schrieb, bevor sie die Arbeit zurückgab. An die lähmend stickige Kreideluft im Geschichtsunterricht in der siebten Stunde.

Aber da waren auch: Dieses irre Prickeln am Vorabend vor der Klassenfahrt. Die Freude über eine gelungene Klausur. Die Freundschaften, die wechselten oder auch fürs Leben geschlossen wurden.

Die Schule ist ein Ort, an dem sich das ganze Kaleidoskop menschlicher Regungen täglich wieder neu entfaltet: Freude, Lachflashs, Verknalltsein – aber auch Ungerechtigkeiten, Enttäuschungen, Langeweile. Und vorne steht stets eine Person, Herrscher und Opfer der Klasse zugleich, die schon immer als Zielscheibe für Witze und Streiche herhalten musste: die Lehrkraft. Sie führt und formt, tröstet und tadelt, soll Kinder stärken und aufs Leben vorbereiten – inhaltlich und charakterlich. Eine denkbar große Aufgabe, die oft gelingt, selten scheitert, aber häufig ein klein wenig danebengeht.

Deshalb ist das, was in Klassenzimmern passiert, oftmals ganz große Comedy. So skurril, dass man sie ein Leben lang nicht vergisst. Als der US-Moderator und Komiker Jimmy Fallon in seiner TV-Sendung »The Tonight Show« die Zuschauer bat, skurrile Erinnerungen an die Schulzeit und die eigenen Lehrer auf Twitter unter dem Hashtag #myteacherisweird zu veröffentlichen, war der Rücklauf enorm. Eine Zuschauerin berichtete von dem Tag, an dem sie einen Mars-Riegel auf ihrem Pult liegen hatte. Ihr Mathelehrer griff nach der Süßigkeit, stampfte mit dem Fuß darauf und rief: »Schaut, ein Mann auf dem Mars!«

Wir baten daraufhin auch SPIEGEL-Leser, uns Anekdoten aus ihren Klassenzimmern zu schicken. Hunderte folgten unserem Aufruf. Sie berichteten uns von versehentlich explodierten Stinkbomben, dem Geschichtslehrer, der gern seinen Schlafanzug unter seinem Anzug trug, oder dem Musiklehrer, der immer sein Gebiss auf den Flügel legte. Sie schickten uns ihre Erinnerungen daran, wie sie ein Schuljahr lang fast nur »James Bond« guckten, weil der Lehrer keine Lust hatte zu unterrichten, wie sich die Lehrerin im Unterricht ausgiebig schminkte und wie während des Corona-Shutdowns plötzlich ein Porno in das Zoom-Meeting eingeblendet wurde. Ooopsi.

Diese und viele weitere lustige und bizarre Begebenheiten aus deutschen Schulen und Klassenzimmern haben wir in diesem Buch versammelt. Sie zeigen: Lehrer und Lehrerinnen sind auch nur Menschen – und wie wir alle manchmal ganz schön schrullig. Im Gegensatz zu den meisten anderen können sie ihre Spleens und Macken allerdings kaum verstecken, da sie ja jeden Tag stundenlang Hunderte Zuschauer haben. So manches Exemplar scheint es sogar zu genießen, sich vor den Kindern und Jugendlichen völlig ungehemmt und unkontrolliert ausleben zu können – denn dass sich Pädagogen im Lehrerzimmer genauso benehmen, bezweifeln wir doch sehr.

Außerdem ist es wie immer: Die meisten Lehrkräfte sind sicherlich ganz normal, freundlich und am Fortkommen ihrer Schüler interessiert. Aber dann gibt es diese paar Prozent, die einfach nur schräg sind und eventuell ihren Beruf verfehlt haben. Und die vergisst man eben nicht. Vielleicht lernt man an ihnen am Ende sogar fürs Leben, wer weiß das schon.

Lesen Sie auf den folgenden Seiten von absurden Aufgaben, die Lehrer verteilen – so sollten Schüler Wasserkanister durchs Schulgebäude schleppen, um zu erfahren, wie sich bolivianische Frauen beim täglichen Wasserholen fühlen. Von schrägen Aktionen, die sich Pädagogen einfallen lassen, zum Beispiel mit verspiegelter Sonnenbrille auf einem Stuhl auf dem Pult die Klausur zu überwachen. Und von zum Teil ziemlich ekligen Marotten, wie der Öko-Lehrer, der seinen müden Schülern empfahl, ein paar rostige Nägel in einen Apfel zu stecken und diesen ein paar Tage später zu essen.

Einige Lehrkräfte fühlen sich nie ernst genommen, andere müssen immer den Boss markieren. Wieder andere haben ein Nähe-Distanz-Problem, so wie die Lehrerin, die im

Stuhlkreis mit den Schülern ihren eigenen Liebeskummer erörterte. Zusammengenommen macht all das die Schulzeit so unvergesslich.

Natürlich kommen auch faule Lehrer vor, fiese Lehrer und solche, die sich vielleicht sogar strafbar gemacht haben. Zwar kommt physische Gewalt an Schulen heutzutage glücklicherweise kaum mehr vor, psychisch demütigen Lehrer ihre Schüler allerdings zuweilen immer noch gerne. Und so gehören auch diese Berichte zu den Schulzeit-Erinnerungen unserer Leserinnen und Leser.

Doch wo ist die Grenze – was dürfen Pädagogen, was nicht, und was sagen die Gerichte dazu? Das klären wir in einem Kapitel übers Schulrecht. Außerdem stellen wir in einer kleinen Typologie 13 Lehrer und ihre Eigenarten vor, damit Schüler und Eltern wissen, worauf sie gefasst sein müssen.

Und schließlich haben wir natürlich auch die Pädagogen selbst befragt. In den Geständnissen aus dem Lehrerzimmer können sie ihren Frust ablassen über bildungsresistente Intelligenzallergiker, die im Unterricht Sprachnachrichten abhören oder an ihrer Insta-Story feilen. Oder über die Drückeberger-Kollegen, die gut gelaunt durchs Schulgebäude hüpfen, gebräunt und entspannt – da sie ja keine korrekturintensiven Fächer haben und damit ihre Wochenenden nur aus Freizeit bestehen. Sie verraten, warum Sportlehrer unter sich ständig über Sex reden, und wie traumatisch es ist, als Junglehrer zum ersten Mal vor einer Klasse zu stehen und sich von den Kollegen nicht ernst genommen zu fühlen.

Auch der Comedian und Ex-Lehrer Johannes Schröder kommt zu Wort. Er sagt: »Lehrer sind großartiges Comedy-Material. Man kann sie so herrlich zu Klischees formen. Und sie haben eine enorme Gestaltungsfreiheit in ihrem Beruf, dass daraus manchmal sehr wundersame Persönlichkeiten erwachsen.«

Finden wir auch. Viel Spaß mit diesem Buch!

Verrückte Aktionen: »Unser Lehrer klaut unsere Pausenbrote«

Viele Leserzuschriften, die uns erreichten, beginnen mit den Worten »Mein Lehrer war ein komischer Kauz«. Wir vermuten mal, dass der Anteil an sonderbaren Charakteren in einem Kollegium in etwa so groß ist wie an jedem anderen Arbeitsplatz (in etwa bei 15 Prozent), doch im Gegensatz zu anderen Kollegien gilt in der Schule: Es gibt kein Entrinnen. Während schräge Typen, denen ein angemessenes Sozialverhalten nicht liegt, in den meisten Unternehmen früher oder später auf eine Position gesetzt werden, in der sie möglichst wenig Sozialkontakte haben, geht das im Lehrerberuf natürlich schlecht. Und so haben Pädagogen nicht nur immer ein Publikum, das jede Äußerung und Bewegung genau registriert, sondern auch 20 bis 30 Gegenüber, die sie mit ihren schrägen Ideen, übergriffigen Handlungen und persönlichen Anliegen behelligen können.

Lesen Sie nun von Lehrern, die ihre Schüler bei Feueralarm grundsätzlich *im* Klassenzimmer einschließen, die Schwammwasser *trinken* oder während einer Klausur mit ihrem Stuhl *auf* dem Pult sitzen – samt verspiegelter Sonnenbrille.

Mein Lehrer, das komische Wesen

Für Grundschüler ist es häufig unvorstellbar, doch ältere Jahrgänge haben es längst gecheckt: Auch Lehrer und Lehrerinnen sind nur Menschen. Mit Fehlern, Macken – und heimlichen Leidenschaften. So kommt es, dass manche Pädagogen in der Unterrichtszeit lieber etwas anderes machen als Unterricht. Das wiederum kommt den Schülern meist ganz gelegen.

Music was my first love

»Unser Mathelehrer unterrichtete auch Musik. Hin und wieder hielt er im Matheunterricht plötzlich inne, verdrehte die Augen und flüsterte: ›Kommt mit in den Musiksaal, ich muss jetzt komponieren.‹ Und da saß er dann selig entrückt am Flügel und klimperte vor sich hin, während wir uns mucksmäuschenstill verhielten. Wir wollten schließlich nicht die Entstehung eines großen Kunstwerkes verhindern. Und Gleichungen lösen wollten wir auch nicht.«

Ich höre was, was du nicht siehst

»Wir hatten eine sehr liebe, nicht mehr ganz junge Musiklehrerin. Als das Thema ›Oper‹ dran war, wollte sie uns gern eine Arie vorsingen, traute sich das aber, wie sie sagte, nicht vor der Klasse. Sie zog sich deshalb zum Singen hinter die mobile Tafel zurück.«

King of Klassenzimmer

»Wenn jemand an der Tafel zu lange für die Aufgabe brauchte, legte unser Mathelehrer ein kleines Tänzchen hin. So bewegte er zum Beispiel beide Füße nach links und rechts, vollführte also eine Art seitlichen Moonwalk, und glitt damit von einer Seite des Klassenzimmers auf die andere – und zurück.«

You are the dancing king

»Bei einem Sommerfest in der Schule gab es, wie eigentlich jedes Jahr, kleine musikalische Aufführungen. In einem Jahr hat der Abschlussjahrgang zu ›Dancing Queen‹ getanzt, was erst mal eher langweilig war. Aber dann kam plötzlich zum Refrain der Sportlehrer auf die Bühne getanzt – in einem Blümchenkleid und mit Prinzessinnendiadem.«

Cooler Dude, das hätten wir gern gesehen. Lehrer haben allerdings nicht nur heimliche Leidenschaften, sondern zuweilen auch Liebschaften. Oder auch mal: Liebeskummer.

Paris, die Stadt der Trauer

»In der elften Klasse fuhren wir auf Klassenfahrt nach Paris. Was wir nicht wussten: Unser Lehrer hatte dort eine Freundin – sie arbeitete in einem Museum und organisierte dort auch eine Führung für uns. An einem Abend wollte unser Lehrer mit ihr essen gehen, wir hatten Freizeit. Tags darauf kam er nicht aus seinem Zimmer, angeblich hatte er sich an Steak frites den Magen verdorben. Seiner extrem schlechten Stimmung nach zu urteilen – er schrie uns wegen Nichtigkeiten an –, handelte es sich aber wohl eher um Herzschmerz.«

Die Lehrerin der folgenden Episode trug ebenfalls ihr Privatleben ins Klassenzimmer. Es ging um Männer, Nachbarn und anderen Frust. Gefrühstückt hat sie dabei auch noch. Tja, so ungehemmt war das damals, *back in the 80s.*

Therapiestunde im Klassenzimmer

»Grundschule in den 1980er Jahren: Unsere Mathelehrerin stellte zu Beginn jeder Stunde ihren Stuhl mittig vor die Klasse, setzte sich und begann frustriert aus ihrem Privatleben zu berichten. Es handelte sich bei den Storys meist um Probleme mit ihrem Mann, der später zum Ex-Mann wurde. Aber auch andere Ärgernisse teilte sie uns mit: Stress mit einer Supermarkt-Kassiererin oder den Nachbarn. Diese Show dauerte meist fünf bis zehn Minuten, manchmal länger. Anschließend begann der Unterricht. Zudem gab uns diese Lehrerin ab und zu praktische ›Hausaufgaben‹: So sollten wir zum Beispiel die Zigaretten unserer Eltern mit feinen Nadeln durchstechen, um etwas für deren Gesundheit zu tun. Es kam auch mehrfach vor, dass ein Schüler während des Unterrichts zum Bäcker gehen musste, um Brötchen für unsere Lehrerin zu kaufen. Marmelade hatte sie immer dabei. Sie frühstückte dann vor unseren Augen.«

Heute sind solche Szenen unvorstellbar, allein wegen des Zuckers in der Marmelade würden die Elternvertreter vermutlich schon zur Schulleitung rennen. Wobei: Dass Lehrer abschweifen und die Zeit zerrinnt wie in einem Dalí-Bild, kennen Schüler immer noch. Noch besser ist nur, wenn der Unterricht an einen anderen Ort verlegt wird, also de facto nicht stattfindet.

Ich rede, also bin ich

»Ein sehr kauziger Lehrer von uns verwandelte seinen Unterricht stets in einen monotonen Vortrag. Er interagierte dabei nie mit den Schülern, sondern rezitierte wie aus einem Buch – allerdings las er nicht ab, er hatte den Text im Kopf. Wann immer sich mal jemand meldete, quittierte er dies zunächst mit: ›Ich sehe, da möchte sich jemand einbringen.‹ Dann notierte er sich in seinem

Notenbuch einen Punkt – tatsächlich einen gemalten Punkt –, um die mündliche Beteiligung zu bestätigen. Dies geschah auch dann, wenn ein Schüler lediglich fragte, ob er mal aufs Klo dürfe.«

Kafkaeskes Klassenzimmer

»Meinem Mathelehrer fiel einmal die Kreide aus der Hand. Daraufhin schaute er kurz auf seine Armbanduhr, bückte sich, hob die Kreide auf und sah erneut auf seine Uhr. Dann wendete er sich der Klasse zu und teilte uns mit, dass das Aufheben der Kreide acht Sekunden gedauert hätte. Anschließend hielt er uns einen sehr langen Monolog über ›kleine Dinge, die den Unterricht aufhalten‹.«

Praxisnaher Unterricht aka Sparmaßnahme

»In der 11. Klasse behandelten wir im Wirtschaftsunterricht das Thema Geld. In einer Stunde waren wir deutlich schneller fertig als gedacht. Unser Lehrer fragte uns nach Ideen für die verbleibende Zeit. Ein Schüler wollte Döner essen gehen. Alle lachten, doch der Lehrer willigte ein – sein Argument: So würden wir den Fluss des Geldes live miterleben können. Mit derselben Begründung gingen wir einige Wochen später auf den Weihnachtsmarkt, wo unser Lehrer jedem einen Kinderpunsch ausgab. Er habe sich ausgerechnet, dass er als angestellter Lehrer durch die Überstunden mehr Geld bekommt, auch wenn er uns etwas spendiert, erklärte er uns.«

Geld gegen Freundlichkeit

»Unser Kunst- und Physiklehrer war ziemlich ausgefallen. Er hatte einen Eintrag im Guinnessbuch der Rekorde und eine eigene Farbenlehre entwickelt. Zu Beginn jeder Stunde begrüßte er die Klasse, und wer als Erster zurückgrüßte, bekam 50 Cent geschenkt.«

Gute Stimmung ist jedoch leider nicht in allen Schüler-Lehrer-Konstellationen ausreichend vorhanden. Schüler fühlen sich von ihren Lehrern gedisst (»Sie hasst mich einfach, da kann ich nichts machen!«), und Lehrer fühlen sich von ihren Schülern nicht ernst genommen. Typische Szene: Die Lehrkraft bittet um Ruhe, die Kinder sind weiterhin laut. Was tun? Diese Lehrerin hatte da eine Idee:

Hörprobe

»In der Unter- und Mittelstufe hatten wir eine sehr exzentrische Chemielehrerin. Einmal hatte sie einen Artikel über britische Ladenbesitzer gelesen, die mit skurrilen Tricks Kinder und Jugendliche von ihren Geschäften fernhalten wollten. Eine Abschreckmethode war das sogenannte ›Moskito-Summen‹. Dies ist ein Ultraschall-Störgeräuschsender, der extrem hohe und schrille Töne von sich gibt, welche nur Kinder und Jugendliche bis zu einem bestimmten Alter hören können. Meine Chemielehrerin war davon derart begeistert, dass sie sich so eine Hochton-Anlage kaufte. Daraufhin piepte es jedes Mal, wenn wir laut waren, zehn Minuten lang.«

Argh, da bekommt man schon beim Lesen einen Tinnitus. Und was macht ein Pädagoge, der sich jahrelang von seiner Schulleitung nicht ernst genommen fühlt?

Protest mal anders

»Ein Sportlehrer an unserer Schule kämpfte jahrelang erfolglos bei der Schulleitung um eine Unterrichtsverkürzung, da er aufgrund der Akustik in den Sporthallen unter Hörproblemen litt. Um sein Anliegen nochmals zu verdeutlichen, erschien er bei einer Lehrer-Vollversammlung in der Aula mit einem voll aufgedrehten Gettoblaster. Der Rektor verwies ihn daraufhin des Saales. Mit den Worten: ›Gut, dann aber auf direktem Weg‹ sprang der Sportlehrer vor den Augen des gesamten Kollegiums aus dem Fenster im dritten Stock. Alle waren wie erstarrt, eine Kollegin fiel vor Schreck in Ohnmacht. Was niemand wusste: Er hatte vorher einige Hochsprungmatten aus der Sporthalle unten platziert. Der Lehrer blieb bis auf eine kleine Platzwunde an der Stirn unverletzt.«

Sogar der örtliche Radiosender soll damals über den Vorfall berichtet haben. Andere Lehrer verlieren vor lauter Freude das Maß, nur weil, ach …, lesen Sie selbst:

Zu viel des Guten

»Mein Geschichtslehrer in der 9. Klasse stellte eine relativ einfache Frage. Ich meldete mich und antwortete richtig. Er starrte mich an und sagte: ›Komm sofort nach vorne!‹ Am Pult angekommen, musterte er mich streng und wies mich an, mich auf seinen Stuhl zu stellen. Ich kletterte auf den Stuhl, und als ich oben stand, kniete er sich vor den Stuhl, beugte dreimal seinen Oberkörper mit ausgestreckten Armen nach vorne und sagte jedes Mal dabei: ›Ich danke dir für deine richtige Antwort.‹«

Eine heikle Situation im Schulalltag ist das Klausurenschreiben. Die Schüler sind aufgeregt bis ängstlich, und viele versuchen, ihre Chancen auf eine gute Note spontan noch etwas zu verbessern. Diesen urplötzlichen Wissenszuwachs wollen die meisten Lehrer verhindern, von wegen Gerechtigkeit und so. Doch das ist nicht so leicht: Spickzettel in der Federtasche, Notizen auf dem Unterarm, ein schneller Blick zum Sitznachbarn, der sein Heft strategisch rübergeschoben hat, nachdem sein Kumpel »2 c« geraunt hat. Viele Lehrer verlieren da ganz offensichtlich den Überblick – oder haben sie es am Ende doch nur gut gemeint? Diese Frage scheint eines der letzten Lehrergeheimnisse zu bleiben. Anyway, wer es ernst meint, macht es als Pädagoge während einer Klausur so:

Lehrer auf dem Hochsitz

»Der Mathelehrer meines Bruders setzte sich bei Klassenarbeiten mit dem Stuhl auf das Pult und trug eine verspiegelte Sonnenbrille, damit die Schüler nicht sehen konnten, in welche Richtung er schaute.«

Lehrer auf dem Hochsitz II

»Ein alter Lateinlehrer – eigentlich schon pensioniert und nur wegen Lehrermangels noch im Dienst – hatte zu Recht den Eindruck, dass wir recht einfallsreich beim Schummeln waren. Um dagegen vorzugehen, stellte er bei der nächsten Klausur seinen Stuhl auf den Tisch in der letzten Reihe und überwachte die voll besetzte Klasse von diesem Hochsitz aus. Einzig meinen Klassenkameraden unter seinem Stuhl hatte er nicht im Blick. Außer ihm schrieben alle deutlich schlechtere Noten als sonst.«

Lehrer im Hochstand

»Wenn wir Klassenarbeiten schrieben, nahm unser Lehrer eine Doppelseite aus der Tageszeitung und schnitt zwei kleine Gucklöcher in die Mitte. Dann stellte er sich damit auf das Lehrerpult und beobachtete die Klasse. Wir konnten tatsächlich nicht sehen, in welche Richtung er schaute, was das Abschreiben natürlich erschwerte.«

Alles im Blick

»Unser Geografielehrer hatte ein Auge verloren, über dem Glasauge trug er meistens eine schwarze Augenklappe. Bei schriftlichen Tests nahm er das Glasauge heraus und legte es vor sich auf das Pult. Dann verschanzte er sich hinter einer Zeitung und ermahnte uns: ›Nicht schummeln! Mein Auge sieht alles!‹«

Manchmal laufen Prüfungen trotz aller Hilfsmittel nicht so doll. In der Regel müssen die Schüler das aushalten. Das fällt allerdings auch Lehrern zuweilen schwer, wie die folgenden Anekdoten zeigen.

Noten-Lotto

»Ich wurde von unserem Physiklehrer mündlich abgefragt und bekam eine 5, was gerecht war, da ich wirklich nichts wusste. Eine Woche später wollte er mich wieder abfragen.
Schüler: ›Ich wurde letzte Woche doch schon abgefragt.‹
Lehrer: ›Dann habe ich vergessen die Note einzutragen. War es denn so gut?‹
Schüler: ›Nein.‹
Lehrer: ›Hatten Sie eine 4?‹
Schüler: ›Nein.‹
Lehrer: ›Eine 3?‹
Schüler: ›Nein.‹
Lehrer: ›Hatten Sie etwa eine 1?‹
Schüler: ›Nein.‹
Lehrer: ›Dann bekommen Sie eine 2, weil Sie so ehrlich waren.‹
Das hat meinen Durchschnitt in Physik extrem verbessert.«

Für die Tonne

»In der 9. Klasse schrieben wir eine Chemiearbeit, die bei allen Schülern schlecht ausgefallen sein musste; selbst die Einser-Kandidaten sagten hinterher, dass sie keine Ahnung gehabt hatten. Alle bangten der nächsten Chemiestunde entgegen. Doch unser – sowieso schon sehr beliebter – Lehrer stand betroffen mit gesenktem Blick vor uns und sagte: ›Ich muss euch eine traurige Nachricht überbringen, es tut mir so leid für euch. Ich hatte eure Arbeiten unter die Tageszeitung auf den Küchentisch gelegt. Meine Frau sah die Zeitung, sie war vom Vortag, und fragte mich, ob sie in den Müll könne, und ich konnte gar nicht so schnell gucken, wie sie die Zeitung samt der darunterliegenden Chemiearbeiten nahm und in den brennenden Ofen warf. Wir schreiben die Arbeit noch mal, und jetzt üben wir erst mal das Thema.‹«

Vielleicht war es ein Akt der Menschlichkeit. Vielleicht wollte der Lehrer auch seine Beliebtheitswerte nicht verlieren. Oder er hatte einfach die falsche Klausurvorlage gegriffen. So oder so war die Reaktion: sehr nett.

Ooopsi

Pubertierende haben oft schräge Ideen, die gerne mal in einem Malheur enden, das hinterher sorgfältig kaschiert werden muss. Von erwachsenen Lehrkräften würde man es zwar eher nicht erwarten – doch auch sie haben hin und wieder absurde Einfälle, die sie auch in die Tat umsetzen. Besonders lustig wird es, wenn sie versuchen, die Konsequenzen zu vertuschen. Vor ihren Schülern!

Nein, tu's nicht!

»Unser Biologielehrer wollte während des Unterrichts eine riesige Spinne mit der Hand aus dem Waschbecken im Klassenraum entfernen. Wir Schüler riefen, dass er dies nicht tun solle, da Spinnen beißen könnten. Er lachte uns aus, schließlich war er ja der Biologie-Experte. Er zwang die Spinne also auf seine Hand – und sie biss ihn. Den Rest der Stunde verbrachte er damit, irgendwie mit den Schmerzen klarzukommen und seine Hand zu kühlen. Darüber lachen durften wir aber nicht.«

Überreizter Lehrer

»Unser Chemielehrer hat in der 11. Klasse Tränengas hergestellt – nicht versehentlich, sondern absichtlich. Er hat uns alle mal riechen lassen, und wir sollten raten, was es ist. Die Stunde war dann damit beendet. Ich denke, er wollte einfach früher nach Hause, da es die letzte Stunde war.«

Zufall oder nicht, aber ist Ihnen aufgefallen, dass es sich hier ausschließlich um männliche Lehrkräfte in naturwissenschaftlichen Fächern handelte? Auch der nächste Protagonist ist ein Mann. Ein Mathematiker.

Schachmatt

»In der 11. Klasse bekamen wir einen recht wunderlichen Mathelehrer. Herr S., immer fein im Anzug gekleidet, war ein Jahr vor seiner Pension, und er erzählte uns oft, dass er gegen seinen Hund Schach spiele. Den Hund nahm er sogar manchmal mit auf den Schulhof. Einmal hatte ich meine Ledertasche mit Büchern dort abgestellt, als ich sah, wie sein Hund das Bein hob und auf meine Tasche pinkelte. Herr S. stand daneben und unternahm – nichts. Als ich ihn darauf ansprach, entgegnete er ganz entspannt: ›Das ist eben schon immer der Notdurftplatz des Hundes.‹ Tja, da hatte ich eben Pech gehabt mit meiner Tasche.«

Bleiben wir bei Mathelehrern. Da gibt es ja einige, die eigentlich Größeres im Leben vorhatten und dann »nur« Lehrer geworden sind. Und dann gibt es diesen einen Kollegen, der sogar weniger weiß als seine Schüler.

Wenn der Lehrer spickt

»Ein Mathelehrer konnte einfach nicht ohne sein Lösungsbuch unterrichten. Er bewahrte es immer im Pult unseres Klassenraums auf. Eines Tages versteckten wir es hinter der Tafel. Er kam rein, fand das Buch nicht und meinte nur: ›Mathe fällt heute aus, das Lösungsbuch ist nicht da.‹«

Übrigens lässt sich nicht nur Wissen vortäuschen, sondern auch Pünktlichkeit – also zumindest kann man es versuchen …

Kollegentratsch

»In unserem Kollegium hatten wir eine Kunst- und Deutschlehrerin, von der die Klasse Folgendes berichtete: Sie kam üblicherweise zu spät, aber dafür demonstrativ außer Puste in den Klassenraum, der im zweiten Stock lag. Jedes Mal beschwerte sie sich darüber, dass ihre Klasse so weit oben war. Die Schüler wussten jedoch: Sie nahm immer den Fahrstuhl.«

Es gibt aber auch Lehrer, die völlig den Überblick verloren haben, wer da eigentlich vor ihnen sitzt.

Äh, du da, ja genau, du!

»Unser Biologielehrer in der Oberstufe rief ein Jahr lang eine Mitschülerin auf, die gar nicht mehr in unserem Kurs war.«

OMG!

»Zu Beginn des Schuljahres wurde für den schon etwas älteren Geschichtslehrer ein Sitzplan mit den Schülernamen angefertigt. Auch der Wandpfeiler, der sich im Klassenraum befand, wurde dort eingezeichnet. Bei der Notenvergabe zum Schuljahresende sagte der Lehrer: ›Pfeiler: Sagt nicht viel, stört aber auch nicht – 3.‹«

Ich Lehrer, du nix

Lehrerinnen und Lehrer können unterstützend und nachsichtig sein oder aber erbarmungslos und unfair. Welche Charakterzüge sie im Klassenzimmer ausleben, können Schüler nur bedingt beeinflussen. Einige Lehrkräfte scheinen mit ihrer Machtfülle jedenfalls nicht gut klarzukommen.

Geht's noch?!
»Unser Physik- und Mathelehrer hat uns bei Feueralarm immer im Klassenraum eingeschlossen, um uns keine zusätzliche Pause zu gönnen.«

Dass diese Begebenheit dreißig Jahre her ist, macht es nicht besser. Wie wenig Respekt sie vor ihren Schülern hat, bewies auch diese Lehrerin:

Frau Prof. Dr. Übergriffig
»An meiner Schule gab es eine Lehrerin, die unter anderem für den ›Übergang Schule/Beruf‹ zuständig war. Leider war sie der Meinung, als Einzige zu wissen, was gut für uns sei. Sie rief sogar bei einer Firma an, um den bereits zugesagten Ausbildungsplatz eines Schülers wieder abzusagen. Ihre Begründung: Der Beruf wäre nichts für ihn.«

Im Chemieunterricht auf einer Realschule

»Während wir Übungen machten, sang unser Lehrer immer lauthals ›Quietsch, Entchen, quietsch‹ oder ›Beide Beine abgeschossen und dazu die rechte Hand‹. Wenn ein Schüler um Ruhe bat – schließlich mussten wir uns ja konzentrieren –, schrie er: ›Leistung gleich Arbeit unter Stressbedingungen!‹«

Als es #MeToo noch nicht gab

»Mein Deutschlehrer auf dem Gymnasium hatte große Freude an Strafarbeiten. Berüchtigt waren seine Strafaufsätze, bei dessen Themen er besonders kreativ war. Weil sie sich im Unterricht geschminkt hatte, musste zum Beispiel eine Schülerin einen Aufsatz mit folgendem Titel schreiben: ›Warum eine Schönheitsfarm bei mir nichts nützt‹. Auch hatte er immer einen großen Hammer in seiner Aktentasche dabei – für den Fall, dass er jemanden mit Handy im Unterricht erwischt.«

Ihr sei nicht bekannt, dass der Lehrer seinen Handy-Hammer je benutzt hätte, teilte die Einsenderin noch mit. Zum einen, weil damals noch nicht jeder ein Handy, geschweige denn ein Smartphone hatte. Zum anderen, so schreibt sie, »reichte die Aura dieses Mannes aus, dass es niemand darauf ankommen ließ. Er war trotz – oder wegen – seiner schrulligen Strenge sehr beliebt.« Außerdem habe er auch immer Bonbons und Taschentücher für pubertierende Mädchen mit Liebeskummer dabeigehabt. Na dann.

Weil die Pausen zu heilig sind, um sie mit der Brotdose zu verbringen, oder der Unterrichtsstoff so langweilig, dass man sich anderweitig beschäftigen muss, essen viele Schüler ihre Schulbrote während der Stunde. Ein Trick ist, sich zu seinem Rucksack herunterzubeugen und währenddessen heimlich abzubeißen, um dann hinter vorgehaltener Hand zu kauen. Lehrer sehen das aber trotzdem. Sie hören auch das Brotpapier rascheln. Und sind davon tierisch genervt. Das rechtfertigt solche Reaktionen trotzdem nicht.

Macht geht durch den Magen

»Als eine Schülerin in der Mittelstufe während des Deutschunterrichts heimlich ihr Pausenbrot aß, befahl unser Lehrer ihr, sofort aufzuhören und das Brot in den Mülleimer zu spucken.«

Hungriger Mathelehrer

»In der zwölften Klasse hatten wir einen jungen Mathelehrer, der, wenn wir im Unterricht anfingen zu essen, unsere Pausenbrote konfiszierte und sie vor unseren Augen selbst aufaß.«

Hungriger Geschichtslehrer

»Unser Geschichtslehrer auf dem Gymnasium hat ständig das Essen der Schüler geklaut und gegessen.«

Durstiger Deutschlehrer

»Unser Deutschlehrer hat einmal den Tafelschwamm ausgedrückt und das braune Wasser getrunken – weil er Durst hatte, wie er sagte. Ein anderes Mal hat er einen angebissenen Apfel aus dem Müll geholt und gegessen. Sein Kommentar: ›Da war doch noch was dran.‹ Im Lehrerzimmer hat er sich einmal auf den Tisch gelegt und dort geschlafen. Und im Unterricht hat er immer wieder versucht, uns vom Schwarzfahren zu überzeugen.«

Klingt nach ziemlichem Kontrollverlust. Die Kontrolle – vor allem über sich selbst – eben nicht zu verlieren ist die große Kunst des Lehrerberufs. Gründe zum Ausrasten gibt es schließlich genug: laute, freche, unvorbereitete Kinder und Jugendliche – und das stundenlang, jeden Tag. Klar, dass auch gelassenen Pädagogen da mal die Nerven klirren. Doch wer derart die Beherrschung verliert wie diese Lehrkräfte, sollte sich dringend um Stressreduktion bemühen. Denn Beleidigungen oder gar Körperverletzung sind – auch in Klassenzimmern – eine Straftat.

Lehrer außer Rand und Band

»Dass unser Musiklehrer sofort losschrie, wenn ihm etwas nicht passte, kannten wir schon. Eines Tages wurde er rasend vor Wut, weil wir das Flötespielen noch nicht so gut beherrschten. Er machte einen Handstand, lief auf seinen Händen durch den Unterrichtsraum und schimpfte in einem fort, wir seien zu nichts zu gebrauchen.«

Der fliegende Stift

»Wenn wir im Klassenzimmer mit Stiften herumspielten, nahm unser Lehrer uns diese gern aus der Hand und warf sie aus dem Fenster raus. In der Pause durften die Schüler dann ihre Stifte wieder draußen aufsammeln.«

Die fliegende Klassentür

»Unser Lateinlehrer war für Albernheiten bekannt. Als wir eines Tages in der 7. Klasse etwas müde und wenig motiviert waren, öffnete er die Tür, fing an zu schreien und schlug die Tür mehrmals mit voller Wucht auf und zu. Kurz darauf kam der Vizerektor und wollte wissen, welcher Schüler das gewesen sei. Tatsächlich gab unser Lehrer ganz offen zu, dass er es gewesen war. Sein Ziel hatte er erreicht: Wir waren hellwach.«

Der fliegende Stuhl

»Unser Chemielehrer rastete regelmäßig aus, wenn wir etwas nicht sofort verstanden. Einmal warf er vor Wut seinen Stuhl von vorne quer durchs ganze Klassenzimmer. Ein anderes Mal schrie er einen Schüler in der ersten Reihe an: ›Ich spucke dich gleich an!‹ Der Schüler blieb cool und antwortete: ›Dann spucke ich zurück.‹«

Der fliegende Schwamm

»Unser Mathelehrer am Gymnasium war ein reines Nerven-
bündel. Wenn es zu laut wurde oder jemand die Aufgaben-
stellung noch immer nicht verstanden hatte, schmiss er oft
mit Schwämmen.«

Der fliegende Stein

»Da unsere Schule direkt an einem Mittelgebirge lag,
mussten wir im Sportunterricht sehr oft Waldlauf machen.
Dabei fuhr unser Sportlehrer häufig mit seinem kleinen
Mofa hinter uns her, um die Langsamsten anzutreiben und
um die ›Abkürzer‹, wie er sie nannte, zu erwischen, die versuchten, querfeldein zu laufen. Diese bewarf er dann auch
schon mal von dem fahrenden Mofa aus mit Steinen.«

Um es ganz klar zu sagen: Seit 1973 gilt für Lehrer in Deutschland das Gewaltverbot. Sowohl körperliche Bestrafungen als
auch seelische Verletzungen sind laut Gesetz »nicht zulässig«.
Begeht ein Lehrer Körperverletzung im Amt, droht ihm eine
Freiheitsstrafe.

Cool down

»Unser Musiklehrer in der Unterstufe duldete in seinem
Unterricht kein ›garstiges oder ungezogenes Verhalten
oder Schimpfwörter‹, wie er es nannte. Darunter fiel seiner
Definition nach allerdings schon ein flapsig dahingesagtes
›blöd‹ oder ›doof‹ in einem Satz – auch wenn dieser nicht
an ihn gerichtet war. Auch vergessene Hausaufgaben,

Unterrichtsmaterial und ähnliche Verfehlungen brachten ihn zur Weißglut. Seine Standardstrafe dafür: Die Hände unter fließendes, kaltes Wasser halten, je nach Schwere der Verfehlung bis zu fünf Minuten lang. Manchmal standen zwei oder drei Schüler gleichzeitig am Waschbecken.«

Autsch!
»Eine Geschichtslehrerin an unserer Schule war für ihre Wutausbrüche berüchtigt, wenn ihr eine Klasse zu unruhig war. Einmal schlug sie dabei so hart auf das Lehrerpult, dass sie sich die Hand brach. Leider unterrichtete sie am nächsten Tag schon wieder – mit Gips.«

Oh wei, das ist peinlich – und schmerzhaft. Unangenehm geht es im folgenden Kapitel weiter, allerdings für die Schüler: wenn Lehrer und Lehrerinnen ihnen **schräge Aufgaben** stellen.

Schräge Aufgaben:
Tanzen wie eine Honigbiene

Als Lehrer muss man Fantasie haben. Wer erfolgreich unterrichten will, also dergestalt, dass bei Schülern nicht nur Fakten hängen bleiben, sondern auch Motivation und Menschliches im Vordergrund stehen, der schafft das nämlich nicht mit Nullachtfünfzehn-Methoden. Eine oft wiederholte Forderung für anregenden Unterricht ist: Lehrkräfte sollen »das wahre Leben« einbringen. Das ist ein hoher Anspruch an eine Zunft, die von der Schule direkt an die Universität geht und von dort zurück an die Schule.

Von welchen Erfahrungen sollen Lehrkräfte erzählen? Und was ist das überhaupt, das »wahre Leben«? Gemeint ist, dass der Unterricht der Lebenswirklichkeit angepasst wird und nicht nur von Goethe, Shakespeare und Algebra handelt. Sicherlich hat Schule nicht die Aufgabe, sich affirmativ dem Schüleralltag anzupassen, sodass die Kids sich immer nur um sich selbst drehen.

Aber das Interesse von Kindern mit einem spannenden Bezug zu entfachen, sie abzuholen, wo sie gerade stehen – das geht. Ist aber tricky. Einigen Lehrern fallen dafür wirklich geniale Unterrichtseinheiten ein: Sie lassen Kanister schleppen, um das Leben im bolivianischen Dschungel zu imitieren, ersinnen Eselsbrücken über Flirtsituationen oder lösen Konflikte, indem sie Schokoriegel mit der Kreissäge zerteilen. Das steht vielleicht nicht exakt so im Lehrplan des Kultusministeriums, trotzdem sind diese außergewöhnlichen Ideen das Ergebnis akribischer Vorbereitung. Also meistens.

Manchmal muss auch improvisiert werden, weil sonst gar nichts mehr geht. Und übrigens können selbst Strafen kreativ sein. Wer weiß, vielleicht wirken sie ja dann sogar besser.

»Guten Tag, ich bin crazy«

Es gibt Lehrer, die sind so skurril, dass sie daraus überhaupt keinen Hehl machen. Sie treten schon in der ersten Stunde vor die Klasse und zählen ihre eigenen Macken auf. So ein Auftritt kann durchaus Sympathien einbringen. Nach der folgenden Vorstellung einer Gymnasiallehrerin wusste der Leistungskurs Sozialwissenschaft jedenfalls, dass er sich auf einiges gefasst machen durfte:

So bin ich nun mal

»Ich bin crazy, verpeilt und nervig, und das dürft ihr jetzt dreieinhalb Jahre aushalten. Wenn nicht, dann zieh ich mir einfach eine Papiertüte über den Kopf. Außerdem bin ich eine passiv-aggressive Autofahrerin und gucke Filme in doppelter Geschwindigkeit, damit ich zwei an einem Abend schaffe. Momentan lerne ich Arabisch, aber das macht irgendwie mein Gehirn kaputt.«

Ob das alles wirklich stimmt? Wer weiß. Aber diese Lehrerin hat ziemlich sicher die Neugier ihrer Schüler entfacht. Andere Lehrer werden auch dann kreativ, wenn es gilt, Lerninhalte in körperliche Erfahrungen zu verpacken. Allerdings nicht immer mit Erfolg:

Euch geht's viel zu gut!

»Wir mussten in der elften Klasse in Spanisch einen vollen Zehn-Liter-Wasserkanister zweimal durchs Schulgebäude tragen, um nachvollziehen zu können, was bolivianische Frauen jeden Tag durchmachen, wenn sie Trinkwasser an Brunnen holen.«

Skifahren für Affen

»Unsere Klassenlehrerin gab im Englischunterricht immer unvermittelt Tierlaute von sich oder schrie ohne Vorwarnung, auch wenn alle leise waren. Kurz vor der Skifreizeit in der achten Klasse kam sie auf die Idee, uns in einer Englischstunde im Klassenraum

Ski-Gymnastik machen zu lassen. Wir sollten wie Affen durch den Raum hüpfen und dabei ›Wusch, wusch, wusch‹ rufen. Das sollte das Geräusch von Ski im Schnee sein.«

Mach uns die Honigbiene

»Wir lernten in Biologie die Tanzsprache der Bienen, ihr wesentliches Kommunikationsmittel. Mit dem Rund- und Schwänzeltanz zeigen Bienen ihren Artgenossen den Weg zur Futterquelle. Es blieb nicht bei der Theorie: In der nächsten Stunde mussten wir den Schwänzeltanz vortanzen.«

Ausgezeichnete Aktion! Wir hätten da noch eine Anregung: Die Bienen geben beim Schwänzeltanz ja auch Laute von sich, die könnten gleich mit imitiert werden. Beim Rundtanz würgt die Vorkosterin außerdem manchmal noch einen Tropfen Nektar heraus, damit die Nachtänzerinnen das Futter auch kosten können. Wie könnte man das wohl im Unterricht nachstellen?

Kraft versus Masse

»In Physik mussten wir mal eine Aufgabe veranschaulichen, indem eine Mitschülerin auf offener Straße mehrere Hundert Meter hin- und hergerannt ist. Wir anderen standen im Abstand von fünfzig Metern und haben etappenweise die Zeit gestoppt. Dadurch sollten wir etwas über Beschleunigung lernen.«

Heimliche Leidenschaften

»Unser Altgriechisch-Lehrer ließ uns einmal die Vorhänge zuziehen und teilte die Klasse in zwei Gruppen ein: Orchester und Tänzer. Wir im Orchester sollten so tun, als wären wir Geigen, Bratschen, Cellos und so weiter und einen Walzer ›spielen‹ beziehungsweise summen. Die anderen Klassenkameraden mussten dazu tanzen. Unser Lehrer stand währenddessen auf dem Pult und dirigierte.«

Gegen die Wand

»In Informatik sagte die Lehrerin, ich solle mit geschlossenen Augen in Richtung Wand laufen. Sie wollte damit demonstrieren, dass ich automatisch meine Hände benutzen und mich schützen würde, ähnlich dem Abwehrmechanismus des zu der Zeit von uns behandelten Computerprogramms. Falsch gedacht – ich bin einfach gegen die Wand gelaufen.«

Nun ja, nicht jeder Plan geht auf. Manchmal gewinnen eben auch die Schüler. Im folgenden Fall hat die Lehrkraft sogar noch beim Schummeln geholfen:

Merkwürdig stumpf

»Wir schrieben eine Klassenarbeit über Musiktheorie. In einer Anspitzerdose hatten wir einen Spickzettel versteckt. Unser Lehrer wunderte sich zunächst, warum es in der Klasse nur einen Anspitzer gab, bis es ihm schließlich zu unruhig wurde, weil jeder die Dose haben wollte. Also

hat er den Anspitzer inklusive Spickzettel für den Rest der
Stunde selbst von Schüler zu Schüler getragen.«

Merksätze aus der Beziehungskiste

Um ein Thema an die Frau und an den Mann zu bringen,
helfen Vergleiche aus der Lebenswirklichkeit der Schüler ein
gutes Stück weiter. Der Stoff wird dann schon mal gerne
»bildhaft« umrissen. Das darf natürlich nicht zu platt ausfallen, also nicht so, dass jeder gleich draufgekommen wäre.
Vergleiche brauchen auch eine Prise Wahnsinn.

So wie folgende Geschichte eines Berliner Physiklehrers, der
über Strom schwadronierte – mit Jungs und Mädchen in der
Rolle von geladenen Teilchen, die auf Klassenfahrt gehen.

Das Gleichnis von Volt und Ampere
»Stellt euch vor, es ist Klassenfahrt. Wir fahren mit dem
Zug. Damit es ruhig bleibt, müssen die Jungs in den ersten
Wagen, die Mädchen in den letzten. Dazwischen ist ein
Güterwaggon, Mädchen und Jungen können also nicht
zusammenkommen. Es baut sich eine Spannung auf. Am
Zielbahnhof angekommen, öffnen sich die Türen, Jungs

und Mädchen steigen aus, der Schalter ist also umgelegt. Nun rennen die Jungs zu den Mädchen, die einfach stehen bleiben. Wir haben also einen Stromfluss. Je länger die Reise dauert, umso höher die Spannung (Volt). Je mehr Jungs losrennen, umso höher der Stromfluss (Ampere). Auf dem Bahnsteig stehen aber noch andere Fahrgäste mit Gepäck, über das die Jungs stolpern. Je häufiger sie wieder aufstehen, umso mehr schwitzen sie. Wir erzeugen also Wärme. Und deswegen geht die Glühlampe an! Denn da verbrennt ein Wolframdraht.«

Eine wunderbare Analogie. Nun dürfte klar sein, warum es »glühende Verehrer« gibt – die stolpern einfach häufig auf dem Bahnsteig. Eine Spanischlehrerin lieferte ihren Schülern folgenden Merksatz (und einen Einblick in ihr Privatleben):

Sexistisch, aber hilfreich
»Viele von euch haben in der Klausur ›la problema‹ geschrieben, weil das Wort auf -a endet. Aber das Wort ›problema‹ ist die einzige Ausnahme, bei der eine a-Endung männlich ist. Ich merke mir das so: Probleme sind immer männlich, oder auch: Männer ziehen Probleme magisch an.«

Und auch die nächste Eselsbrücke hat mit Männern und Frauen zu tun. Recht anschaulich und unmissverständlich, allerdings auch sehr im patriarchalen Weltbild verankert, sodass sie heute eher irritiert.

Gruß aus den Fünfzigerjahren

»Ein Lehrer nutzte einen seltsamen, aber einprägsamen Merksatz, um uns die Begriffe konvex und konkav zu erläutern: ›War das Mädchen brav, bleibt der Bauch konkav. Hat das Mädchen Sex, wird der Bauch konvex.‹ Damals musste ich lachen, heute bin ich ziemlich schockiert.«

»Stellen Sie sich vor, Sie sind ein Tiefkühlhähnchen«

Manche Aufgaben sind so schräg, dass entweder viel Verzweiflung ob gelangweilter Schüler dahinterstecken muss – oder zu viel Zeit und Muße bei der Vorbereitung. Wie sonst kommt man auf so was?

Ich wollt, ich wär ein Huhn

»Im Erdkundeunterricht der zwölften Klasse ging es um Wirtschaftskreisläufe. Frage in der Klausur: ›Stellen Sie sich vor, Sie sind ein Tiefkühlhähnchen im Supermarkt. Wie kamen Sie dahin? Ab dem Schlüpfen, bitte.‹«

Geldprobleme

»Thema im Unterricht war die auseinanderklaffende Einkommensschere in den Achtzigerjahren. Unser Lehrer fühlte sich als Oberstudienrat offenbar unterbezahlt, und wir bekamen die Hausaufgabe, die Jahreseinkommen unserer Eltern offenzulegen. Die Schüler, die sich geweigert hatten beziehungsweise deren Eltern sich geweigert hatten, bekamen eine Fünf.«

Prall und praller

»Ein Lehrer für Geschichte, Politik und Latein war an unserer Schule dafür bekannt, den Lehrplan kaum einzuhalten. Stattdessen schien er sich die Mission gesetzt zu haben, sämtliche Wissenslücken seiner Schüler zu füllen. Jeder seiner Schüler führte im Hefter deshalb ein Kapitel mit dem vom Lehrer selbst kreierten Titel: ›PAW‹. Das stand für ›Pralles Allgemeinwissen‹.«

Völlig stoned

»In der fünften Klasse sollten wir im Ethikunterricht einem Stein ein Gesicht aufmalen und uns mit ihm unterhalten, als wäre er unser Freund. Das war schon *strange*, denn die Aufgabe sollte jeder im Stillen für sich erledigen. Es hatte vielleicht damit zu tun, dass die Klassen neu aufgeteilt worden waren und einige Schüler noch nicht viele kannten. Der Stein sollte für jene dann der erste Freund sein.«

Wenn wir schon bei Kreativität sind: Musik ist für die Inspiration sehr hilfreich. An diese Geschichten erinnern sich ehemalige Schüler teilweise noch ein halbes Jahrhundert später.

Let's get loud

»Unser Musiklehrer, der auch in einer Jugendstrafanstalt
als Rundfunkmoderator beschäftigt war, ließ uns im Inter-
nat lange Zeit nur ›Krach machen‹, und zwar mit allem,
was zur Verfügung stand: Wir sollten Holzlineale, Schuhe
und Bücher auf den Tisch schlagen oder mit den Stühlen
klappern, um dann nach einer Weile einen gemeinsamen
Rhythmus zu finden. Eine sehr interessante und sehr laute
Erfahrung.«

The Dark Side of Pink Floyd

»Es war in den Siebzigerjahren, unser Musiklehrer war
gleichzeitig auch unser Kunstlehrer. Wir sollten Bilder
malen zur Musik von Pink Floyd, je größer und bunter,
desto besser. Mir ist damals nichts zur Musik eingefallen,
nur tiefblau und schwarz. Das war allerdings nicht der
gewünschte Effekt.«

Kunstlehrer scheinen ohnehin so ein Fall für sich zu sein.
Das Fach rechtfertigt schließlich ausgefallene Methoden.
Vielleicht haben sich auch ein paar Künstler ins sichere Be-
amtendasein geflüchtet. Zumindest schilderten unsere Leserinnen und Leser, dass sie mit Logik im Kunstunterricht
nicht weiterkamen.

Die armen Steine

»Eine Klassenkameradin fragte unsere Kunstlehrerin, wie sie es verantworten könne, dass die Farbe Purpur aus Schnecken, also aus Lebewesen hergestellt wird. Ihre Antwort: ›Tja, die Farbe Ocker wird ja aus Steinen hergestellt, und Steine leben ja auch, nur viel langsamer.‹ Nicht nur, dass das keine Antwort auf die Frage war, die Antwort hat selbst die größten Rabauken in der Klasse so verdutzt, dass es wohl zum ersten Mal im Kunstunterricht wirklich ruhig war.«

Zwischen Belohnung und Strafe

Anspornender als eine irrationale oder defizitorientierte Notengebung sind sicherlich Belohnungen im Unterricht. In der Pädagogik nennt man das Verhaltenskonditionierung: Wer sich wie gewünscht verhält, bekommt Kuchen oder Schokolade. Oder eine Gesangseinlage. Es ist merkwürdig, aber: Die eingesandten Anekdoten über Belohnungen drehten sich alle um Geschichtslehrer. Möglicherweise ein Zufall – vielleicht hat der Mensch aber auch einfach schon immer so funktioniert?

Und dazu noch einen Kaffee?

»In der Oberstufe hatten wir unseren Geschichtskurs am Nachmittag von 16 bis 17 Uhr. Um uns zu motivieren, ließ uns der Lehrer reihum einen Kuchen für die Stunde backen. Bald hießen wir bei allen nur noch ›Kuchenkurs‹.«

So klappt's auch mit den Schülern

»Unsere Geschichtslehrerin betrat den Raum und stellte Putzzeug und Schokolade aufs Pult: ›Erst wird geputzt, dann gibts Schoki. So läuft das. Mit Zuckerbrot und Peitsche.‹«

Wacht auf, Verdammte dieser Erde

»Unsere Geschichtslehrerin, immer schon sehr engagiert und kompetent im Unterrichten, bot zum Anfang der Stunde eine Belohnung an: Falls wir richtig mitzögen, würde sie zum Stundenende die Internationale zum Besten geben. Das wollten wir nicht verpassen. Und sie hielt Wort: Die vierzigjährige, immer sehr konservativ gekleidete Lehrerin stieg in der Mitte des Raums auf einen Stuhl und sang mit Inbrunst und Leidenschaft.«

Zur Erinnerung hier ein paar Zeilen aus dem weltweit bekannten Kampflied der sozialistischen Arbeiterbewegung: »Heer der Sklaven, wache auf! Ein Nichts zu sein, tragt es nicht länger. Alles zu werden, strömt zuhauf! Völker, hört die Signale! Auf zum letzten Gefecht! Die Internationale erkämpft das Menschenrecht.« Sang die Geschichtslehrerin hier nur zu Anschauungszwecken oder rief sie ihre zwölfte Klasse zur Rebellion auf? Andere Lehrer machen einfach kurzen Prozess. Wichtige Lektionen bringen sie besonders hart oder besonders lautstark rüber. Nach dem Motto: Je mehr Dezibel, desto besser, vielleicht bleibt's ja hängen.

Morgens halb zehn auf dem Schulhof

»Wenn uns unser Lehrer beim Tennisballwerfen auf dem Pausenhof erwischte, konfiszierte er den Tennisball und zerlegte ihn in zwei Teile – mit der Kreissäge. Einmal gab es Zoff um einen Schokoriegel. Er nahm ihn den beiden Streitenden ab und schnitt ihn in vier Teile, ebenfalls mit der Kreissäge. Je einen Teil bekamen die beiden Schüler, die anderen beiden Teile aß er selbst.«

Von einem einprägsamen Moment aus seiner Zeit an der Berufsschule berichtete uns ein Sanitärfachmann. Im Fach Wärmetechnik, einer Mischung aus Physik, Chemie und Technik, stand eine essenzielle Formel auf dem Lehrplan: $\Delta Q = m \cdot c \cdot \Delta T$ – damit berechnet man Wärmekapazität. Der Auftritt seines Lehrers habe dafür gesorgt, dass er diese Formel nie wieder vergessen habe:

»Nachdem wir die Formel zur Berechnung der Wärmekapazität erklärt bekommen hatten, klappte unser Lehrer die Seitenfelder der Tafel ein, um die Buchstaben zu verdecken, und ließ kurz etwas Stille einkehren. Urplötzlich schrie er aus vollem Halse:

Lehrer: ›Herr E., wenn Sie wissen wollen, wie viel Energie Sie zum Erwärmen Ihres Glühweins benötigen, welche Formel benötigen Sie?‹

Schüler E.: ›$\Delta Q = m \cdot c \cdot \Delta T$?‹

Lehrer: ›Herr F., wenn ich Sie bei der nächsten Prüfung beim Abschreiben erwische, was ist die einzige Antwort, die dafür sorgt, dass ich Ihnen nicht die Ohren lang ziehe?‹

Schüler F.: ›$\Delta Q = m \cdot c \cdot \Delta T$?‹

Lehrer: ›Herr D., wenn ich Sie eines Nachts mit meiner Tochter aus dem Gebüsch kommen sehe, was ist die absolut einzige Aussage, die Ihnen Ihr Leben rettet?‹

Schüler D.: ›$\Delta Q = m \cdot c \cdot \Delta T$!‹«

Die gesamte Klasse habe sich vor Lachen weggeschmissen, berichtete der Leser. Womöglich ist Komik ein empfehlenswertes Unterrichtsziel. An einen guten Witz erinnert man sich schließlich lange. Lustig und bizarr wird's auch im folgenden Kapitel – denn es geht um **explizite Lehrmethoden.**

Expliziter Unterricht:
»So führt man den Tampon ein«

An Goethe kommt ja keiner vorbei. Es gibt vom Superdichter einen Satz, der ein zentrales Problem von Bildung und Lehre formuliert. Er ist eine Redensart geworden, die seit Jahrhunderten zitiert wird, ob sie nun passt oder nicht: »Grau, teurer Freund, ist alle Theorie, und grün des Lebens goldner Baum« – das sagt der teuflische Mephistopheles gleich am Anfang zu Faust.

Und auch in diesem Buch über Lehrer soll mindestens eine Goethe-Weisheit weiterverhunzt werden, denn es stimmt ja: Theoretisches Lernen kann wahnsinnig langweilen. So wird Unterricht doch meist erst dann spannend, wenn er praxisnah gestaltet ist. Und auch Teenager kapieren, wofür sie sich diese Einheit in den Kopf pressen müssen.

Bis auf die total ausgebrannten Null-Bock-Kandidaten versuchen die meisten Pädagogen, ihren Unterricht mit anschaulichen Details aufzupeppen. In Biologie, Erdkunde oder Chemie ist das verhältnismäßig einfach, da seziert man dann einen Frosch, buddelt in der Erde oder produziert eine Knallgas-Explosion. Doch auch Mathematik, Geschichte oder Latein brauchen ihre Anschauungsmomente.

Lesen Sie hier, wie kreativ sich Lehrer Kniffe und Bei-spiele ausdenken und wie sie keine peinliche Aktion scheu-en, um Schüler für ihr Fach zu begeistern. Diese Momen-te bleiben über Jahrzehnte im Gedächtnis. Einige Lehrer übertreiben es auch mit der Anschaulichkeit. Dann wird es grotesk, verstörend oder einschüchternd. Und ziemlich oft lustig.

Ans Messer geliefert – wortwörtlich

Dann wollen wir mal! Kleine Auflockerungsübung gefällig? Wenn in der siebten oder achten Stunde die Köpfe nur noch bräsig auf den Tischen liegen, sind Überraschungseffekte ein probates Mittel, um als Lehrkraft die Aufmerksamkeit auf sich zu ziehen.

Schwere Geburt
»In der Jahrgangsstufe 11 am Gymnasium legte sich unsere Biologielehrerin auf den steinernen Labortisch, stopfte sich ein Kissen unter die Bluse und spielte uns unter lautem Geschrei zehn Minuten lang Presswehen vor.«

Jump, Jump!

»An meiner Fachschule für Sozialpädagogik sprachen wir über die Frage ›Was ist eine Überraschung?‹ Wir nannten naheliegende Dinge wie einen Strauß Blumen mitzubringen oder ein Geschenk. Die Ideen der Klasse schienen unserer Lehrerin aber nicht ausreichend zu sein, und so kletterte sie kurzerhand über ihren Stuhl auf den Lehrertisch und sprang wieder herunter. Etwas schockiert schreckte die Klasse zusammen, während sie vergnügt bemerkt: ›So, DAS war eine Überraschung!‹«

Oben und unten

»Politik-Grundkurs in der Jahrgangsstufe 13: Der Lehrer steigt aufs Pult, fuchtelt mit den Armen, springt herunter, schlägt seinen Kopf gegen die Tafel und hält mir schließlich die scharfe Klinge seines Schweizer Messers an die Kehle – um zu demonstrieren, was Macht ist.«

Schon klar, wer hier am längeren (Messer-)Hebel sitzt! Aber muss das gleich so bedrohlich demonstriert werden?

Klassenziel: Schock

Einigen Lehrern geht es wohl nicht nur darum, mit drastischen Aktionen Wissen zu vermitteln. Sie arbeiten mit Schockwirkung, damit endlich mal Ruhe herrscht in der Klasse. Das mag vielleicht wirksam sein, ist aber kein guter Stil. Und auch zwischenmenschlich nicht ratsam, außer man liebt es, regelmäßig erboste Eltern am Telefon zu haben.

Einfach mundtot machen

»Unsere Grundschullehrerin in der dritten und vierten Klasse hat, wenn wir eine falsche Antwort gaben oder im Unterricht schwätzten, ihre Hand zu einer Fingerpistole geformt und uns ›erschossen‹, sodass wir den restlichen Unterricht ›tot‹ waren und nichts mehr sagen konnten.«

Jetzt alle mal Luft anhalten!

»Unser Religionslehrer hat mal seinen Schuh ausgezogen und ihn auf den Zeigestock gesteckt. Damit wedelte er in der Klasse rum und sagte: ›Ja, der mieft. Aber so bleiben eure Münder geschlossen, und ich kann auch mal was sagen.‹«

Lehre und Drohungen

»In der Mittelstufe unterrichtete uns ein etwas seltsamer Alt-68er in Deutsch. Eines Tages kam er in die Klasse, setzte sich ans Pult, schwieg eine ganze Zeit und sagte dann mit eiskalter Stimme: ›Ich wünsche mir ein Messer, das so scharf ist, dass die Tomate vor Angst auseinanderweicht!‹«

Aggregatzustand: flüssig

»Abiturjahrgang 1988. Unser Chemielehrer gestikulierte wild beim Reden, in der Hand eine Laborflasche, gefüllt mit destilliertem Wasser. Als eine Mitschülerin aus der ersten Reihe rief: ›Das tropft, das tropft!‹, fühlte er sich in seinen Ausführungen offenbar unterbrochen und spritzte ihr gefühlt einen Viertelliter Wasser auf Heft und Bücher – und kommentierte trocken: ›Ja, und das spritzt auch!‹«

»Wir sollten uns gegenseitig ohrfeigen«

Andere Lehrer werden nicht nur selbst körperlich aktiv, sondern fordern das auch von ihren Schülern. Für eine gute Eselsbrücke ist einfach jedes Mittel recht.

So geht Dativobjekt

»Unser Lateinlehrer holte gern Schüler nach vorne, um grammatikalische Zusammenhänge zu demonstrieren. Einmal, nachdem einige die Begriffe Subjekt und Objekt nicht zuordnen konnten, bat er zwei Mitschüler zu sich und zwang einen der beiden, dem anderen eine Ohrfeige zu geben. Dann fragte er: ›Und? Wer ist jetzt das Subjekt und wer das Objekt?‹«

Feuchte Aussprache

»Das englische ›th‹ erklärte uns ein Lehrer sehr anschaulich: ›Ihr müsst die Zunge zwischen die Zähne nehmen und spucken!‹«

Infanterie: Feuer frei

»Bei seinen Ausführungen zum Dreißigjährigen Krieg kniete sich unser Geschichtslehrer hin und demonstrierte mit einem Zeigestock, wie die Truppen ihre Gewehre luden und abfeuerten. Bald standen auch wir Schüler wie Soldaten in Reih und Glied und luden unsere imaginären Musketen: Die erste Reihe kniete nieder, feuerte ab – anschließend die zweite Reihe im Stehen und so weiter.«

Atemübung im Liegen

»In der Grundschule holte mich der Lehrer nach vorne, hob mich hoch und legte mich auf den Rücken auf sein Pult. Dann legte er seine Tasche auf meinen Bauch und sagte: ›Bitte ein- und ausatmen.‹ Die Tasche hob und senkte sich. So wollte er uns zeigen, dass man beim Atmen seinen Bauch, die Brust und die Schultern benutzt. Bis heute weiß ich, dass man bei bestimmten Atemtechniken nur sechsmal in der Minute Luft holen muss.«

Apropos Atmen: Ein Grund zum Aufatmen ist, dass das Smartboard nach und nach die alten Kreidetafeln ersetzt. Mit ihnen werden auch viele Alltagsprobleme in der Schule verschwinden, etwa die Frage, wer die Tafel zu reinigen hat und wie gründlich diese Arbeit auszuführen ist. Der Sauberkeitsgrad der Tafel war über Jahrzehnte ein Quell des Ärgers – wie bei jenem Lehrer, der die Redewendung »wie geleckt« leider wortwörtlich nahm:

Putzfimmel

»Unser Lehrer rügte, dass die Tafel, die vor Stundenbeginn sauber zu sein hatte, nicht gut genug gereinigt worden war. Die Tafel war unbeschrieben, hatte aber wie immer einen leichten weißen Kreideschimmer. Als der Mitschüler, der Tafeldienst hatte, fragte, wo denn der Fehler sei, schritt unser Lehrer zur Tat – und leckte die Tafel ab. ›So soll eine Tafel aussehen, wie geleckt!‹«

Kann es noch peinlicher werden im Schulunterricht? Es kann.

Bitte nicht ganz so körperlich

Es gibt Themen, die Jugendliche unter keinen Umständen freiwillig mit ihren Lehrern besprechen würden. Menschliche Fortpflanzung zum Beispiel. Verhütungsmittel. Monatshygiene. Wer dann auch noch Pädagogen erwischt, die gerade diese Themen schambefreit konkretisieren, der sieht einige rote Köpfe unter den Klassenkameraden.

Leicht verklemmt

»Meine Biologielehrerin sagte im Sexualkundeunterricht, das wirksamste Verhütungsmittel sei immer noch ein Apfel. Auf die Nachfrage, wie das denn funktioniere, sagte sie nur: ›Na ja, eingeklemmt zwischen den Beinen.‹«

Dating-Tipp

»In der zehnten Klasse bekamen wir einen neuen Biologielehrer, der einen unvergesslichen Einstand hinlegte. In der ersten Stunde sagte er: ›Hefte raus! Mitschreiben: »Willst du mal ein Mädchen frei'n, das recht schlank und schick ist, schau dir erst die Mutter an, ob sie nicht zu dick ist! Denn die Figur von der Mama wird dir zum Verräter, genauso steht dein Weibchen da, zwanzig Jahre später.« So liebe Leute, das ist Genetik!‹«

Im Dunkeln ist gut Zucken

»In der elften Klasse Biologie ging es um den Energie-
haushalt des Menschen. Unser Lehrer wollte wissen, mit
welcher Art von Energie Muskeln bewegt werden, und ein
Klassenkamerad rief ziemlich blödsinnig in den Raum:
›Durch Sonnenenergie.‹ An die schlagfertige Antwort des
Lehrers muss ich noch heute denken, sie war ein großer
Brüller: ›Nein! Denn bedenken Sie, ein guter Muskel muss
auch im Dunkeln zucken!‹«

Das war eine kleine sexuelle Anspielung, die man aber nicht
unbedingt als solche auffassen muss. Nachhaltiger irritiert
haben dürften die folgenden Lehrer, die ihre eigenen Körper
als Anschauungsobjekte mit einbezogen:

Körperlandschaft

»In Geografie waren die verschiedenen Formen von Bergen
dran, auch der Begriff Hügelkette kam vor. Zur Erklärung
deutete unsere Lehrerin zuerst auf eine ihrer Brüste: ›Das
ist ein Hügel‹, dann auf die andere Brust: ›Das ist auch ein
Hügel. Und wenn ich jetzt noch eine Brust hätte, wäre das
eine Hügelkette.‹ Wir Pubertierenden wussten gar nicht,
wo wir hingucken sollten.«

Monatshygiene mal anschaulich

»Biologieunterricht in der fünften Klasse, Sexualkunde.
Unsere sehr alternative Lehrerin fragte uns, ob wir denn
wüssten, wie man einen Tampon benutzt. Natürlich

schwieg die Klasse auf die unangenehme Frage. Da holte sie einen Tampon raus und demonstrierte das Einführen, zwar voll bekleidet, aber dennoch sehr anschaulich. Die Klasse schwieg noch betretener.«

Schönen Dank auch für das Kopfkino, das war dann doch etwas zu explizit. Wie soll man diese Vorstellung als Teenager wieder loswerden?

Kinder von Rauchern mussten Zigarettenasche sammeln

Wunderbar konkret wurde es auch in einer Biologiestunde, als es um die Anatomie von Katzen ging. Wahrscheinlich standen Katzen gar nicht auf dem Lehrplan, aber der Zufall ergab, dass hier mal spontan umgeplant wurde:

Dead or alive
»Unsere Biologielehrerin brachte einmal eine überfahrene Katze mit, und wir mussten zugucken, wie die elfte Klasse die Katze sezierte. Definitiv eine Erfahrung.«

Übrigens wird Unterricht gern auch dann explizit, wenn Lehrer Eigeninteressen verfolgen. Die Veranschaulichung ist dann einfach Mittel zum Zweck, dient also etwa der Befriedigung einer Sucht. Oder Lehrer versuchen, die Kinder zu missionieren. So ist Unterricht natürlich nicht gedacht, aber ein bisschen subjektive Weltanschauung wird ja meistens ohnehin mit vermittelt, man denke an Fächer wie Politik oder Religion.

In den folgenden Beispielen gehen die persönlichen Anliegen aber tatsächlich zu weit:

Gott hat's gewollt

»Unser Biolehrer unterrichtete auch katholische Religion. Er trug immer eine etwa fünf Zentimeter große Puppe in der Sakkotasche mit sich herum: Es handelte sich um einen Drei-Monats-Embryo, den er immer wieder zeigte, um gegen Abtreibung Stimmung zu machen.«

Bis zum letzten Zug

»Die schädliche Wirkung des Rauchens wollte uns unser Lehrer mithilfe eines Taschentuchs demonstrieren. Er zündete sich am Klassenfenster eine Zigarette an, die er angeblich einem Schüler der Oberstufe abgekauft hatte. Er zog daran durch das Taschentuch, das sich daraufhin braun färbte. Jeder Schüler verstand den Effekt auf Anhieb, was ihn aber nicht davon abhielt, die ganze Zigarette am Fenster stehend durchzuziehen, um dabei immer wieder zu betonen, ›wie schädlich Rauchen ist‹.«

Diese Anekdote hat sich vermutlich in einer Zeit abgespielt, in der im öffentlichen Raum noch geraucht wurde, sogar an Schulen. Rauchen war jahrzehntelang so selbstverständlich, dass sogar die Abfallprodukte von Zigaretten in den Unterricht integriert wurden:

Asche auf deinen Zahn

»In der achten Klasse einer Deutschen Schule im Ausland sollten wir in einem Experiment herausfinden, welche Substanz am besten die Zähne aufhellt: Asche, Seife oder Meersalz. Die Asche sollten die Kinder rauchender Eltern einsammeln und an die Kinder nicht rauchender Eltern verteilen.«

Und dann auf die Zähne reiben? Würg! Schönen Dank für dieses Experiment, das übrigens ergab, dass tatsächlich Asche die Zähne am besten aufhellt.

Und es hat Booooom gemacht

In den Naturwissenschaften bietet sich praxisnaher Unterricht in Form von Experimenten natürlich an. Diese werten jeden Chemie- oder Physikunterricht auf, aber auch hier ist es manchmal einfach zu viel des Guten. Einige Aktionen sind distanzlos, andere schlicht gefährlich.

Pfui, Spinne

»Mein Biologielehrer bekam mit, dass ich eine Spinnen-
phobie habe. Er gab zu, dass er dieselbe Phobie habe, und
fragte mich, ob ich mit ihm in den Nebenraum gehen wolle.
Dort gäbe es neben anderen kleinen lebenden Tieren
wohl auch einige Spinnen. Die Aufgabe: möglichst lange
anschauen. Ich weigerte mich.«

Reibung erzeugt ... Abneigung

»Die erste Physikstunde meines Lebens fing damit an, dass
ich vom Lehrer nach vorne gebeten wurde. Ich musste
mich seitlich neben ihn stellen, dann schubberte er seinen Arm an meiner Schulter und stellte der Klasse auf
diese Weise ›anschaulich Physik vor‹, denn: ›Wenn wir uns
aneinander reiben, laden wir uns elektrostatisch auf.‹«

Hat der 'nen Knall?

»Wir hatten einen Chemielehrer, der Knallgas – also ein
Teil Sauerstoff, zwei Teile Wasserstoff – in Seifenblasen
injizierte und anschließend mit dem Bunsenbrenner
anzündete. Wir mussten uns alle unter den Tischen verstecken, und der Sound hat die Schule jedes Mal bis ins
Mark erschüttert.«

In Deckuuuuung! Eine Knallgas-Explosion ist eine eindrucksvolle Möglichkeit, Kindern die Kraft chemischer Reaktionen beizubringen. Vorführeffekt nennt man es, wenn Experimente schiefgehen. Einige wünschen sich dann sehnlichst zurück zur Theorie. Gerade in der Physik können etwa Schwer- und Fliehkräfte einer erfolgreichen Vorstellung in die Quere kommen:

Klarer Fall

»Ein älterer Physiklehrer demonstrierte die Fallgeschwindigkeit von Gegenständen stets, indem er einen kleinen Stein aus dem geöffneten Fenster auf den Hof fallen ließ und mit einer Stoppuhr die Zeit zählte. Kurz vor der Pensionierung wurde er leider etwas schusselig: Irgendwann ließ er die Uhr fallen und drückte auf dem Stein herum.«

Schwungvoll

»In der sechsten Klasse fand unser Physikunterricht nicht im Physikraum, sondern in unserem Klassenzimmer statt. Der Lehrer wollte uns die Zentrifugalkraft demonstrieren. Dazu befestigte er einen herkömmlichen Bindfaden an einem Gewicht, schwang dieses heftig im Uhrzeigersinn – und der Faden riss. Das Gewicht knallte ins Fenster und zerstörte die Scheibe. Dass nicht wir Schüler das verbockt hatten, mussten wir unserem Klassenlehrer in der nächsten Stunde erst mal glaubhaft machen.«

Nun ja. *Shit happens*, war ja keine Absicht. Es gibt aber Menschen, die sind mit Vorsatz unangenehm und erfreuen sich daran, andere zu piesacken. Auch unter Lehrern soll das vorkommen, und dann ergeben sich Situationen, die nur als Schikane zu werten sind. Ohne dass die Schüler etwas daraus lernen.

»Du bist ein gekauftes Kind«

Was, außer reiner Boshaftigkeit, könnte sonst der Grund für die Einführung eines Antragsformulars für Toilettengänge sein?

Groß oder klein?

»In der elften Klasse stand ein Schüler im Psychologie-unterricht auf und ging Richtung Tür. Unser Lehrer wollte natürlich wissen, wohin er wolle, und mein Mitschüler sagte ›auf die Toilette‹. Es folgte dieser Dialog:
Lehrer: ›Haben Sie dafür den Antrag ausgefüllt?‹
Schüler (verdutzt): ›Was für einen Antrag?‹
Lehrer: ›Na ja, den, damit ich Sie auf Toilette gehen lassen kann.‹
Schüler: ›Nein. Was muss man da ausfüllen?‹

Lehrer: ›Da schreiben Sie Ihren Namen rein und kreuzen an, ob Sie pissen oder kacken müssen.‹

Der Lehrer forderte den irritierten Schüler auf, sich zu setzen, schrieb etwas auf ein Papier und reichte es dem Schüler. Dieser musste dann wirklich das eben erstellte ›Formular‹ ausfüllen und ankreuzen. Schlussendlich durfte er die Toilette besuchen. Das Formular wurde von da an öfter angewandt.«

Einige unserer Leser berichten leider auch von Erlebnissen in der Schule, die sie persönlich erschüttert oder verletzt haben. In diesen Fällen bezog sich der Unterricht sehr konkret auf ihr eigenes Leben, und ihnen wurden Dinge klar, die sie in diesem Moment lieber nicht gewusst hätten.

Familienangelegenheit

»In Genetik ging es um die Vererbbarkeit von Blutgruppen. Wir Schüler sollten die Blutgruppen unserer Eltern erfragen und unsere Impfpässe mitbringen, sofern die eigene Blutgruppe darin stand. Bei einer Mitschülerin wurde offensichtlich, dass zumindest der Vater nicht der leibliche Vater sein konnte. Der Kommentar unseres Lehrers: ›Ach ja, du bist ja auch ein gekauftes Kind.‹ Der Lehrer wusste, was die Mitschülerin bis dahin nicht gewusst hatte: Sie wurde als Säugling adoptiert.«

Das tat weh

»Unser Kunstlehrer gab unserer Klasse die Aufgabe, uns
im Raum so aufzustellen, wie wir Jugendliche damals in
Beziehung zueinander standen. Wer sich mochte, wendete
sich einander zu, wer nicht, wendete sich ab. Der Abstand
zueinander hatte auch eine Aussage. Ich sah damals auf
viele Rücken, die Verletzung war nachhaltig. Der Lehrer
hat sich darum jedoch nicht weiter gekümmert.«

Um verletzte Gefühle wird sich leider viel zu selten gekümmert, auch in der Schule. Dabei wird dort oft verbal ordentlich ausgeteilt. Wie derbe Lehrer ihre Schüler mitunter
anpflaumen, erfahren Sie im folgenden Kapitel der fiesen
Lehrersprüche – und das ist nichts für Zartbesaitete.

Fiese Lehrersprüche: »Vielleicht haben sie euch die Gehirne amputiert«

Das Lehrerdasein beginnt mit einem harten Aufprall: Ein frischgebackener *Master of Education* kommt aus seinem Elfenbeinturm Universität, in dem er oder sie mit anderen angehenden Akademikern höflich Small Talk gehalten hat – und steht dann im sogenannten schulpraktischen Dienst allein vor einer Horde Pubertierender. Und es wird klar: Schule, das ist Battle-Rap zwischen Tafel und Pult.

Plötzlich realisieren die angehenden Pädagogen, was ihnen lang gediente Kollegen voraushaben: Es gibt kaum einen Spruch, den die Alten noch nicht kassiert haben, deshalb liegt ihnen auch immer ein perfekter Konter auf den Lippen. Im verbalen Schlagabtausch mit dem Lehrer testen Jugendliche ihre Grenzen, und das auch noch vor Publikum. Wie bei einem Slam verliert immer der, dem keine *punchline* mehr einfällt.

Bei diesem Spiel ist für Lehrer natürlich Vorsicht geboten, schließlich haben sie es mit Minderjährigen zu tun. Die haben zwar manchmal eine Riesenklappe, aber bei derben Repliken informieren sie womöglich dann doch lieber die

Eltern. Wenn man bedenkt, wie schmal dieser Grat ist, erstaunt es doch, wie deutlich einige Lehrer bei ihrem »Powermobbing« (so nennt es ein Gymnasiallehrer) werden. »Ihr seid zwar jung und stark, aber ihr werdet niemals so schlau sein wie ich«, sprach ein weiterer Pädagoge voller Überzeugung zu seiner Klasse. Ein anderer kürzte das auf die Formel: »Ich bin geil, du bist doof.« Die gemeinte Schülerin kommentierte diesen Diss ganz cool: »Immerhin hat unser Lehrer keine Minderwertigkeitskomplexe.«

Wer gehört werden will, muss treffsicher austeilen, gleichzeitig die Grenze zur Anbiederung nicht überschreiten, auch das wäre peinlich. »Why does a teacher use informal language? Maybe he wants to say ›I'm not far from you‹«, erklärte ein etwas hilfloser Englischlehrer seiner Klasse. »Zum Glück schon«, konterte ein Schüler. Manchmal liegen auch einfach nur die Nerven blank. Da reicht schon ein falsches Wort, und es fliegen Verbote, fiese Sticheleien oder Provokationen durch den Raum. Klar ist aber, dass Aggressionen die Ausnahme sein sollten und es nicht überall und jeden Tag so feindselig zugeht wie in diesem Kapitel.

Das geht noch als lustig durch

Wir lieben jene Lehrkräfte, die ihre Klasse gut gelaunt und humorvoll durch den Tag lotsen. Kleine Frotzeleien gehören natürlich dazu, ein guter Joke beim Erläutern des Themas und etwas Selbstironie, wenn mal was schiefläuft. Einfach den grauen Schulbetrieb nicht ganz so ernst nehmen, *teachers*!

Hollywood-Feeling
Lehrer schickt die Fünftklässler in die Pause: »So ... die Minions verbringen die Pause bitte draußen!«

Und bleibt man in der Analogie zum Film »Ich – Einfach unverbesserlich«, wäre der Lehrer wohl der Superschurke Gru, der anderen gern das Leben vermiest, aber eigentlich einen guten Kern hat. Könnte man in den folgenden Fällen zumindest annehmen:

Hast du ein Problem damit?
»Unser Chemielehrer machte im Unterricht einen Versuch, bei dem er ein Pulver über einen Anspitzer aus Metall schüttete und diesen dann anzündete. Der Spitzer verschmolz dabei restlos mit dem Pulver.
Schüler: ›Woher haben Sie den Spitzer?‹
Lehrer: ›Ach, den habe ich eben von euch geklaut.‹«

Ok. Punkt für dich.

»Ein Mitschüler las seine Übersetzung eines lateinischen Textes vor. Unser Lehrer dazu: ›Ich sage es ungern, aber das war sehr gut.‹«

Könnte schlimmer kommen

»In Mathematik rechnete unser Lehrer an der Tafel etwas vor, doch viele in dem Kurs beherrschten die Grundlagen der Bruchrechnung nicht. Als er den nächsten Schritt ankündigte, stöhnte die gesamte Klasse: ›Och, neee!‹ Und der Lehrer daraufhin: ›Na hallo? Was ist denn so traurig? Ich hab ja nur erweitert und noch niemanden getötet.‹«

Manchmal kommt es sogar vor, dass Lehrkräfte die Anarchie im Klassenraum einfach akzeptieren. Dass sie das Chaos in der Welt umarmen und alles noch gut gelaunt mit einem Spruch kommentieren. Daumen hoch dafür.

Viele Flaschen im Raum

»Zwei Schüler warfen sich gegenseitig abwechselnd mit einer leeren 0,75-Liter-Plastikflasche ab. Ein anderer Schüler bekam sich vor Lachen nicht mehr ein, vor ihm stand eine volle 1,5-Liter-Flasche auf dem Tisch. Darauf die Lehrerin zum lachenden Schüler: ›Tim, willst du auch noch mal? Nimm doch die große Flasche, dann lohnt sich die ganze Sache auch richtig.‹«

Menschlich

»Es ging um die Vokabel *errare*, auf Deutsch *irren*. Unser Lateinlehrer erklärte dazu: ›Error, das solltet ihr auch kennen. Etwa aus der Mathematik, wenn ihr etwas Falsches in den Taschenrechner getippt habt ... Das war zumindest damals mein häufigstes Ergebnis.‹«

Lehrerin: Was heißt Waschbecken auf Englisch?
Schüler: Bin.
Lehrerin: Falsch, das ist der Mülleimer.
Kurze Pause.
Lehrerin: Wobei, ich weiß ja nicht, worin du dich wäschst.

Wie locker ein Mathelehrer seinen Leistungskurs zur Wahl des Kurssprechers anleitete, beschrieb uns ebenfalls ein Schüler. Der Lehrer hatte sich die schadenfrohe Pointe für den Schluss aufgehoben.

Lehrer: Ich hoffe, ihr seid emotional für die Wahl des Kurssprechers bereit. Es muss ein genaues Protokoll geschrieben werden, so funktioniert das in einer Demokratie, sonst könntet ihr später gegen das Ergebnis klagen. Es könnte ja jemand versuchen, die Macht an sich zu reißen. Ich gehe nun also kurz raus, und ihr schreibt währenddessen Wahlvorschläge an die Tafel.
Kommt wieder rein, sieht die Namen an der Tafel.
Lehrer: Oh, seid ihr denn bekloppt?

*Es wird gewählt, die Kurssprecher stehen fest. Die Wahl-
leiter schmeißen die Zettel nach dem Vorlesen in den
Mülleimer.*

Lehrer: Ich gratuliere euch zum neuen Amt. Traditionell
werden die Wahlzettel vom Kurssprecher aufgehoben. Eure
erste Aufgabe ist es also, die Zettel aus dem Müll zu holen.
Viel Spaß!

Nicht alle Pädagogen wuppen ihren Alltag mit Leichtsinn
und Humor. Einigen Menschen setzt das Berufsleben eben
mehr zu als anderen. Ein Chemielehrer verglich seinen ver-
bitterten Kollegen mit einem gesundheitsschädlichen Gas:
»Kohlenstoffmonoxid ist wie der Kollege D.: Giftig und keiner will ihn.«

Entgleisungen im Unterricht

Wenn es mal nicht so rundläuft, bekommen auch liebevolle
Gemeinheiten einen bissigen Unterton. Vielleicht ist der Tag
lang, das Wetter schlecht, die Migräne pocht – ach, Lehrer
sind eben auch nur Menschen. Ihnen rutscht auch mal was
raus … wie in den folgenden Dialogen.

Matheunterricht, die Lehrerin verwendet griechische Buchstaben als Variablen:

Schüler: Warum steht da jetzt *my* statt *lambda*?
Lehrerin: Weil ich einfach mal Bock darauf hatte. Ihr esst ja auch nicht jeden Tag Döner.

Kurz nach der Präsidentschaftswahl in den USA 2016:

Schüler: Was würden Sie jetzt machen, wenn Sie in den USA leben würden?
Lehrer: Ich würde mich besaufen.

Schüler: Ich musste diesen Sommer eine Vogelscheuche bauen.
Lehrer: Was hast du denn für eine gebaut? Oder hast du dich selbst in den Garten gestellt?

Lehrerin: Ich hoffe, euer Beitrag im Spanischunterricht wird besser als im letzten Jahr.
Schüler: Wieso? Letztes Jahr war doch stabil!
Lehrerin: Wollen wir *stabil* vielleicht mal im Duden nachschlagen?

Schüler: Sie haben mir da einen Fehler angestrichen, der keiner ist. Können Sie die Note zu meinen Gunsten korrigieren?
Lehrer: Setzen! Sie wissen doch, es gibt keine Gerechtigkeit!

In der Schule kann man an Gerechtigkeit zweifeln, das ist wohl wahr. Leider ist der unverblümte Hinweis darauf pädagogisch gesehen unter aller Sau. Ein Berufsschullehrer war nach mehreren falschen Antworten seiner Schüler einmal so wütend, dass er die Fassung verlor:

Da rein, da raus

»Unser Fachkundelehrer verlor einmal die Nerven und schrie: ›Ich sage euch jetzt, warum ihr das nicht wisst: Weil das bei euch alles da rein- und dort rausgeht!‹ Dabei deutete er auf seine Ohren: ›Und das liegt daran, dass dazwischen nichts ist, um das aufzuhalten.‹«

Jetzt wird's sexuell

Was noch unangenehmer rüberkommt: Wenn Ausbrüche zugleich auch sexuelle Anspielungen sind. Solche Sprüche verraten mehr über das Unterbewusstsein der Lehrer, als dass sie irgendeinen Nutzen haben. Können die sich nicht auf die Zunge beißen?

Phallisch 1

»Als im Kunstunterricht ein Mitschüler mit dem Schraubstock herumspielte, rief unsere Lehrerin empört: ›Jetzt

nimm doch mal deinen Penis dazu!‹ Die Klasse war sicht-
lich irritiert von diesem Ausbruch.«

Phallisch 2

»Physikunterricht in einer neunten Klasse. Nach einer
Messreihe sollte ein linearer Graph zu Papier gebracht
werden. Der Lehrer ging durch die Reihen, blieb bei einer
Schülerin stehen, runzelte die Stirn und sagte laut: ›Also
ehrlich, das soll linear sein? Das sieht aus wie ein erschlaff-
tes Glied! Na ja, das Messen lernen Sie ja noch.‹ Die Szene
spielte sich Ende der Neunzigerjahre an einem Berliner
Gymnasium ab. Aus heutiger Sicht wirklich unangemessen,
aber damals der Kracher bei den Schülern.«

Phallisch 3

»Unser Chemielehrer sagte zu einem Mitschüler: ›Hör mal
auf da rumzuspielen, das nervt. Spiel lieber mit was anderem rum. Aber achte darauf, dass du allein bist.‹«

Bestimmt hilfreich, diese Anspielungen im Unterricht. Als
fiele es Teenagern nicht ohnehin schwer, mit den Gedanken
bei der Sache zu bleiben. Ebenfalls überflüssig: Kopfkino
zur Intimbehaarung der Lehrkraft. Ein Leser berichtete, sein
Lateinlehrer habe immer, wenn er sich aufregte, gerufen:
»Da kräuseln sich mir die Schamhaare!«

»Der kann doch eh nichts«

Och, alles irgendwie menschlich, denken Sie? Mag sein. Es geht aber zuweilen noch doller und dabei auch verletzend zu. Besonders viele Gemeinheiten wurden uns aus den 1970er- und 1980er-Jahren zugetragen. Einiges davon ist nicht mehr witzig, sondern einfach nur schwach, wenn man bedenkt, dass hier Kinder runtergemacht werden, die ihren Lehrern ausgeliefert sind. Es gehört aber zu den Erinnerungen an Lehrer, die Menschen lebenslang begleiten, deshalb möchten wir Ihnen das nicht vorenthalten.

Wer ist hier dämlich?

»1976 hatte ich in der siebten Klasse einen Mathelehrer, der auf eine Frage von mir zum Unterrichtsstoff antwortete: ›Nun, das sieht man ja schon an der deutschen Sprache: Damen sind dämlich und Herren sind herrlich.‹ So wurde ich in Mathe nicht wirklich besser.«

Reine Schikane

»An unserer Schule gab es einen Physiklehrer, der die Schüler motivieren wollte, indem er sie öffentlich blamierte: ›Jetzt kommt mal die Petra an die Tafel und zeigt uns, wie man es NICHT macht.‹«

Aggro-Prof

»Prof. Dr. E. zu unserem Deutsch-Leistungskurs in der zwölften Klasse: ›Ab heute sieze ich Sie. Es sagt sich

schwieriger ›Sie Arschloch‹ als ›Du Arschloch‹. Und dass
Sie Arschlöcher sind, wissen Sie ja selbst am besten.‹«

Lehrer im Heuhaufen
»Ein Mathelehrer zu einer 13-jährigen Mitschülerin: ›Sie
haben Ihr Hirn auch nur, damit Sie das Stroh nicht in den
Händen tragen müssen.‹«

Antipathie
»Wenn wir in Deutschaufsätzen als Erzählzeit das Perfekt
anstelle des Imperfekts verwendeten, unterstrich unser
Lehrer den Satz rot und schrieb am Heftrand dazu:
›ÖDZ‹ – seine Abkürzung für ›Österreichische Deppenzeit‹.
Seine Erklärung dazu: ›Die österreichischen Dialekte
kennen nur drei Zeitformen: Präsens, Perfekt und Futur.
Das ist zu wenig, um in Hochdeutsch einen Abschluss zu
machen!‹«

Das waren Anekdoten aus dem zwanzigsten Jahrhundert.
Doch auch heute teilen Lehrer ordentlich aus. Ihre ironi-
schen Beleidigungen klingen im Jahr 2020 vielleicht ein wenig flippiger, sind aber vermutlich ebenso verletzend.

Blamier mich bitte nicht
»In der zwölften Stufe meines Gymnasiums sagte unsere
Geschichtslehrerin zu mir: ›Nächste Woche kommt unser
Schulleiter in den Unterricht. Leon, das wäre der ideale
Zeitpunkt für dich, mal zu schwänzen.‹«

Verbotene Frucht des Religionsunterrichts
Lehrerin: »Lass dir deinen Apfel schmecken. Ich hoffe, du erstickst daran.«

Vor der Spanischarbeit werden noch ein paar Schüler umgesetzt:

Schüler: Warum kann ich nicht neben Max sitzen?
Lehrerin: Was willst du neben Max? Der kann doch eh nichts.

Einige Schüler beschweren sich bei einer Mitschülerin, dass sie ihretwegen die Klassenarbeiten noch nicht zurückbekommen, denn die eine Schülerin muss zuvor noch nachschreiben:

Schülerin: Entschuldigung, dass ich krank war!
Lehrerin: Wieso war?

Lehrer: Sind alle da?
Schüler: Ich bin nur körperlich anwesend.
Lehrer: Damit komm ich klar. Aber warst du jemals geistig anwesend?

Schüler: Ich glaube, ich werde mal Footballstar.
Lehrerin: Haha. Hast du dir Footballspieler mal angeguckt? Das sind Einbauschränke. Nicht so halbe Portionen wie du.

Steven gibt zum fünften Mal in der Stunde eine falsche Antwort:

Lehrkraft: Steven, es muss dir nicht leidtun, dass du falschliegst. Das liegt bei dir in der Familie.

Und im Beruf des Lehrers siegt wohl nach ein paar Jahren der Frust. Wir möchten es frei nach der Band Die Sterne formulieren: Was hat euch bloß so ruiniert?!

»Wieso haben dich deine Eltern geliebt?«

Was nun kommt, ist, supervorsichtig formuliert, ausgesprochen schade. Viele unserer Leserinnen und Leser berichteten über totale Resignation bei ihren Lehrern. Offenbar stellt sich bei manchen nach einigen Jahren im Job das Gefühl von Aussichtslosigkeit ein, und diese Pädagogen werden antriebslos, ziehen sich emotional zurück oder werden zynisch. Man kann dann fast froh sein, wenn der Frust nur beißenden Sarkasmus zur Folge hat: »Ich darf euch herzlich zu unserer beknackten Mittwochnachmittagsstunde begrüßen«, so fängt dann eine Stunde an, berichtete eine Gymnasiastin. Das macht doch richtig Lust auf mehr, oder? Bei den folgenden spöttischen Sprüchen ist nicht hundertprozentig klar, ob sie ironisch oder ernst gemeint sind:

Elternliebe

»Unser Lehrer sagte über den Moment der Geburt: ›Da kann der hässlichste Weizenschrot rauskommen, und die Eltern sagen trotzdem: »Oh, guck mal, wie süß!« Wieso lieben Eltern ihre Kinder? Sebastian, wieso lieben deine Eltern dich?‹«

Korrekturensohn

»Nach der Korrektur einer Stegreifaufgabe war unser Lehrer genervt: ›Also, wenn da manche beim Korrigieren dabei gewesen wären, euch hätte ich so zur Sau gemacht. Ihr hättet es nicht mal mehr auf den Biomüll geschafft.‹«

Nicht mein Problem

»Nach einer eher schlecht ausgefallenen Deutscharbeit fragte ein Schüler: ›Was haben wir denn falsch gemacht?‹ Die Antwort der Lehrerin: ›Ich weiß es auch nicht. Vielleicht haben sie euch in den Sommerferien die Gehirne amputiert.‹«

Frustriert

»Unser Französischlehrer antwortete einmal beim Elternsprechtag auf die Frage, wie denn die letzte Arbeit ausgefallen sei: ›Das hängt davon ab, wie es mit meiner Frau läuft.‹«

Aussichtslos

»Unsere Erdkundelehrerin sagte zu uns: ›Ich frage
mich, warum ich überhaupt hier stehe. Ich könnte
in der Zeit meinen Garten umgraben, das wäre sinnvoller.‹«

Und der Witz ist ja, dass sich die Schüler das Gleiche denken. Vielleicht sollten alle mal zusammen aufs Feld und ein
bisschen pflügen? Dann mag Theorie in Erdkunde wieder
sinnvoller erscheinen. Obwohl, nee, chillen ist ja wichtiger.
Für die Lehrer.

»Sorry, ich musste Netflix gucken«

Schüler sind faul und hängen nur vor Instagram und Netflix
ab? Nicht nur die! Auch das Personal auf der anderen Seite
des Pultes verbummelt seine Zeit. Folgende Ausreden von
Lehrkräften lassen durchblicken, dass ihre persönliche Lust-
losigkeit dafür wohl der einzige Grund ist.

Kein Stress

»Unsere Spanischlehrerin auf die Frage, ob sie die Arbeit
schon korrigiert hat: ›Sorry. Ich musste Plätzchen essen
und Netflix gucken, da hatte ich keine Zeit für euch.‹«

Geht runter wie Butter

»Entschuldigung unseres Lehrers für sein morgendliches Zuspätkommen: ›Ich musste warten, bis die Butter streichfähig war, um meine Schnitten zu schmieren.‹«

Frauen halten bitte den Mund

»Ich hatte einmal das Vergnügen mit einem ältlichen Physiklehrer, der zu Schuljahresbeginn mitteilte, er werde die Mädchen in der Klasse, auch wenn sie sich melden, nicht drannehmen, weil er keine Zeit habe, den Unsinn anzuhören, und den Stoff durchbringen wolle. Das war nicht 1950, sondern in den 1990er-Jahren.«

Immer diese lästigen Eltern

»Unser Lehrer erklärte uns, wie er am bevorstehenden Sprechtag die Eltern vergraulen wolle. Er habe dafür drei Strategien, erzählte er: ›Erstens, ich sage: Wenn ich mir euch so angucke, ist ja klar, dass euer Kind auch nichts kann. Zweitens: Ich putze mir wochenlang vorher nicht die Zähne, das führt immer zu besonders intimer Nähe bei schwierigen Gesprächen. Drittens: Einmal »Raaawwwwwrrr« und dabei zeige ich mein ganzes Gebiss – das bringt immer einen kurzen Überraschungseffekt.‹«

Verstanden. Da schreibt man dann doch lieber eine Mail.

»Ich bin auf Entzug«

Nun kommen sich Lehrer und Schüler doch wieder näher: Es geht um Betäubungsmittel. Lehrer greifen nach einem Stresstag zum Rotwein, der Abiturient kifft nachmittags im Park. Aber sollte man sich darüber austauschen? Zumindest Lehrkräfte greifen das Thema gern auf. Ein paar Zitate.

Andeutung eines Deutschlehrers über die Rechtschreib- und Grammatikprobleme in der Klausur:

> »Bei der sprachlichen Richtigkeit könnte man bei der Korrektur zum Alkoholiker werden.«

Ähnliches bemerkte ein Gesamtschullehrer bei der Rückgabe eines Tests in Geschichte:

> »Eure Antworten waren so scheiße, dass ich während der Korrektur eine Flasche Chianti trinken musste.«

> **Klasse:** Können Sie uns noch mal den Stoff für die Klassenarbeit sagen?
> **Lehrkraft:** Den Stoff? Ich bin doch kein Drogendealer.

Lehrer zu seinen Schülern:

> »Jetzt macht mal hin, ich bin auf Entzug. So nikotinmäßig.«

Chemielehrer schnuppert am Reagenzglas, die Schüler protestieren:

> »Na Kinder, irgendwo muss man sich die gute Laune ja herholen!«

Expertise in Sachen Alkohol und Betäubungsmittel hilft Lehrern im Berufsalltag natürlich weiter. Sie können dann mit gewissen Situationen angemessen spöttisch umgehen und signalisieren, dass sie voll informiert sind. Das ist zum Beispiel in der Karnevalszeit ganz nützlich.

Lehrerin am Tag nach Altweiberfasching:

> »Ich werde euch heute nicht zu nahe kommen. Ich habe Angst, dass ich passiv betrunken werde.«

Ebenfalls in der Karnevalszeit bittet ein Lehrer:

> »Louis, darf ich mal ein Foto von dir machen? Das würde ich dann in der achten Klasse zeigen, wenn wir über die Gefahren bei Alkoholkonsum sprechen.«

Beziehungsstatus: »Ich hasse Kinder«

Nun haben wir viel erfahren über spöttelnde Lehrer, pöbelnde Pädagogen, frustrierte Kollegen. Wenn all diese verbalen

Ventile nicht mehr helfen, bleibt nur noch die offene Abneigung. Oder zumindest Abweisung, sogar dann, wenn Schüler von sich aus Kontakt suchen. Wollen wir hoffen, dass diese Pädagogen hinter ihrer schlagfertigen harten Schale zumindest einen gerechten Kern verbergen.

Schüler: Herr M., ich mag Sie.
Lehrer M.: Man kann sich seine Fans nicht aussuchen.

Schüler: Sie sind mir sehr sympathisch.
Lehrerin: Das ist mir sehr ... wurscht.

Zu guter Letzt berichtete eine Schülerin, dass ihr Lehrer mitten in der Stunde den Raum verließ und rief: »Ich hasse Kinder!« Wir denken, er hat seinen Beruf offenbar verfehlt. Wer sich nach diesen Dialogen fragt, wie viel Beschimpfung im Klassenraum noch okay ist und welche Beleidigungen womöglich justiziabel sein könnten, ist im folgenden Kapitel übers **Schulrecht** genau richtig.

LEHRER ALS BOXER

Schulrecht:
Was Lehrer dürfen – und
was nicht

Es ist eine eher tragische Anekdote, die uns ein Leser aus seiner Schulzeit berichtete: »Ein Mitschüler musste dringend auf Toilette, der Lehrer verweigerte dies. Daraufhin pinkelte der Schüler in die Ecke des Klassenzimmers. Der erboste Lehrer holte den Schulleiter. Dieser wiederum befand, dass der Pädagoge den Gang zur Toilette nicht hätte verbieten dürfen. Der Lehrer musste sich entschuldigen und die Sauerei beseitigen.« Tatsächlich ist Lehrern – und Schülern – häufig nicht klar, was sie dürfen und was nicht. Welche Reaktion angemessen ist und mit welcher sie sich womöglich strafbar machen.

Antworten geben die Bücher *Was Lehrer nicht dürfen!* von Dallan Sam, Fernando Rode und Rolf Tarneden und »*Nein, du gehst jetzt nicht aufs Klo!« – Was Lehrer dürfen* von Thomas Böhm. Die Einschätzungen dieser Schulrechtsexperten und Auszüge aus ihren Büchern, die sich vor allem auf jüngere Gerichtsurteile stützen, bilden die Grundlage für das folgende Kapitel. Darin: Antworten auf 27 typische Schulsituationen – ob Lehrer das Kippeln mit dem Stuhl verbieten dürfen bis zur Frage, ob und welche Strafarbeiten erlaubt sind.

Handys einsammeln, Taschen durchsuchen – das Schulrecht

Jeden Tag gibt es an Schulen Diskussionen um Smartphones: Wann dürfen sie benutzt werden? Was passiert, wenn sich Schüler nicht an die Vorgaben halten? Und: Sind diese Regeln überhaupt zulässig? Die drängendsten Fragen rund um das wichtigste Utensil in der Schultasche und die Privatsphäre der Schüler.

Dürfen Schulen Smartphones komplett verbieten?

Nein. Eine Schulordnung, die es verbietet, Handys oder Smartphones auf dem Schulgelände bei sich zu tragen, ist nicht zulässig, sagt Schulrechtsexperte Rolf Tarneden. Denn Schüler müssen auf dem Schulweg zum Beispiel für ihre Eltern erreichbar sein. Schulen können allerdings festlegen, dass Handys im Unterricht und in den Pausen ausgeschaltet sein müssen beziehungsweise nicht benutzt werden dürfen. Halten Schüler sich nicht daran, können Lehrer die Telefone konfiszieren.

Für wie lange dürfen Lehrer Smartphones einziehen?

Lehrer dürfen Handys vorübergehend einsammeln, wenn Schüler sie entgegen den Schulvorschriften benutzen. Allerdings müssen die Lehrkräfte sie in der Regel spätestens am Ende des Schultages zurückgeben. Es sei denn, sie haben den begründeten Verdacht, dass sich auf dem Smartphone Täuschungsmaterialien oder strafbare Inhalte wie Gewaltvideos befinden. Oder ein Schüler hat bereits häufiger mit dem Handy gestört und zeigt sich uneinsichtig; dann können Lehrer das Telefon bis zum nächsten Tag einbehalten und nur von den Eltern abholen lassen. In einem Fall, der vor Gericht landete, wurde einem Schüler an einem Freitag das Smartphone weggenommen und der Mutter erst am Montag wieder ausgehändigt. Die Berliner Verwaltungsrichter befanden: Das war in Ordnung.

Dürfen Lehrer Smartphones durchsuchen?

Nein. Lehrer dürfen nicht in den Handys ihrer Schüler stöbern und Fotos, Videos, Mail- oder Chatverläufe anschauen, auch nicht, wenn sie dort zum Beispiel verbotenes Bildmaterial vermuten. Die Inhalte eines Handys sind privat. Einzig die Polizei darf Schülerhandys durchsuchen, wenn sie dafür eine richterliche Anordnung hat oder wenn Gefahr im Verzug ist.

Darf ein Lehrer die Tasche einer Schülerin durchsuchen?

Lehrer dürfen Taschen konfiszieren, aber nicht ohne die Erlaubnis der Schüler durchsuchen. Die Schüler müssen zustimmen. Tun sie dies nicht, kann der Lehrer die Eltern anrufen und sie bitten, ihm den Inhalt der Tasche zu zeigen. Dazu sind jedoch auch die Eltern nicht verpflichtet. Hat eine Lehrkraft weiterhin den Verdacht, dass sich zum Beispiel Drogen oder eine Waffe in der Tasche befinden, kann sie die Polizei verständigen. Auch hier gilt: Die Polizisten wiederum brauchen einen richterlichen Durchsuchungsbeschluss, oder es müsste Gefahr im Verzug sein.

Strafen – was ist okay und was geht gar nicht?

Schüler machen ständig Dinge, die sie nicht tun sollten. Oder machen Dinge nicht, die sie tun sollten. Lehrer stehen dann jedes Mal vor der Frage: Darüber hinwegsehen, freundlich ermahnen – oder bestrafen? Und wenn, dann wie und womit? Offenbar machen Lehrkräfte dabei häufig noch einiges falsch.

Dürfen Lehrer Schüler umsetzen?

Ja. Lehrer dürfen die Sitzordnung festlegen oder ändern, auch gegen den Willen einzelner Schüler. Wer damit nicht einverstanden ist, kann sich zwar beschweren, dagegen klagen können Schüler aber nicht. Denn es gibt keine gesetzliche Grundlage für den Anspruch auf freie Platzwahl; vielmehr fällt die Zuweisung eines Sitzplatzes unter die »innerschulische Organisation«.

Darf eine Lehrerin einen Schüler aus der Klasse schmeißen?

Ja, Lehrkräfte dürfen Schüler, die den Unterricht stören, des Raumes verweisen und sogar eigenhändig rausführen. Dies können sie jedoch nur für ihre eigene Unterrichtsstunde tun. Wenn Schüler für einen ganzen Tag oder länger vom Unterricht ausgeschlossen werden sollen, muss darüber die Schulleitung und eventuell eine Konferenz entscheiden.

Dürfen Lehrer Schüler anschreien?

Jein. Es hängt von der Situation ab. Lehrer dürfen Schüler nicht seelisch verletzen oder entwürdigen. Wenn Lehrer schreien, gilt es zu klären: Passiert das häufiger? In welchen Situationen? Wenn es in einer Ausnahmesituation geschieht, weil beispielsweise Gefahr droht, oder wenn der Lehrer schlicht versucht, die lauten Schüler zu übertönen, ist das wahrscheinlich pädagogisch nicht sehr geschickt, fügt aber den Kindern keinen Schaden zu. Wenn aber Lehrer ständig, scheinbar grundlos und mit demütigenden Worten einzelne Schüler anschreien, ist das sicher ein Fall für die Schulleitung.

Dürfen Lehrer Schüler beleidigen?

Nein, Lehrer dürfen ihre Schüler nicht beleidigen oder herabwürdigen. Ein Satz wie »Würde Dummheit schön machen, wärst du George Clooney« könnte zu einer Dienstaufsichtsbeschwerde führen; der Schüler könnte den Lehrer auch anzeigen. Sagt der Lehrer allerdings »Du erzählst Unsinn«, ist das nicht strafbar, wenn der Schüler sich tatsächlich unsinnig geäußert hat. In einem Fall, der vor Gericht landete, hatte ein Lehrer zu einer Schülerin gesagt: »Mein Tipp, weiter konsequent Geige üben, mit Bio wird's nichts mit Geldverdienen.« Die Richter befanden: Das war okay – vor allem, weil die Schülerin dem Lehrer zuvor selbst berichtet hatte, dass sie lieber Geige übe, als Bio zu lernen. Der Ton in der Schule ist grundsätzlich lockerer als in einer Behörde. Das macht es manchmal schwierig, den oft schmalen Grat zwischen Ironie und Beleidigung in die eine oder andere Richtung zu beweisen. Klar ist: Wenn nur der Lehrer Spitzen bringen darf, die Schüler aber nicht, entsteht eine Schieflage. Wenn beide Seiten ab und zu frotzeln dürfen, müssen sie im Gegenzug auch ein bisschen was einstecken können.

Dürfen Lehrkräfte Schüler anfassen?

In bestimmten Situationen ja, in anderen nein. Lehrer dürfen Schüler anfassen, wenn diese zu stolpern drohen, sich verletzt haben oder weinen. Dies betrifft vor allem Grundschüler. Lehrer dürfen Schüler ebenfalls anfassen, wenn diese andere angreifen wollen oder sich weigern, den Klassenraum zu verlassen. In solchen Fällen müssen sich Lehrkräfte angemessen verhalten, das heißt: Der körperliche Zwang darf laut Schulrechtsexperte Thomas Böhm nur zur Gefahrenabwehr eingesetzt werden, nicht als Strafe. Wenn ein Schüler tritt oder schlägt, darf der Lehrer sich verteidigen und den Schüler festhalten, um den Angriff abzuwehren. Wenn dabei ein Bluterguss entsteht, kann das als verhältnismäßig gelten – ein gebrochener Arm dagegen würde wohl Fragen aufwerfen. Verboten sind Berührungen, die keinen pädagogischen Zweck erfüllen oder sexueller Art sind. Annäherungsversuche können erhebliche dienstliche Konsequenzen für den Lehrer haben. Bei sexuellen Handlungen mit unter 16-Jährigen droht der Lehrkraft ein Verfahren wegen sexuellen Missbrauchs Jugendlicher.

Dürfen Lehrer Schüler von der Klassenfahrt ausschließen?

Klassenfahrten können zu Höhe- wie zu Tiefpunkten in der Schulzeit werden – für Lehrer und für Schüler. Grundsätzlich sind solche Reisen und Ausflüge Pflichtveranstaltungen, Schüler sollen also teilnehmen und haben auch ein Recht darauf. Dieses verspielen sie jedoch, wenn sie zum Beispiel mit Drogen dealen oder Mitschüler misshandeln, wenn sie sich also grob fehlverhalten und die Lehrer befürchten, dass es Probleme geben wird. So wurde ein Schüler in Berlin bereits vorab von einer Klassenfahrt ausgeschlossen, weil er Mitschüler in der Pause bedroht und zu einem Zweikampf gezwungen hatte – und hinterher uneinsichtig war. Ein anderer Junge durfte nicht mitfahren, weil er zuvor immer wieder respektlos gegenüber Lehrern war und die Schule sowie das Gericht davon ausgingen, dass er sich auf einer Klassenfahrt ebenfalls nicht angemessen verhalten würde. Auch während einer Reise können Schüler zurückgeschickt werden, wenn sie sich nicht an die Regeln halten, indem sie Mitschüler verletzen, unerlaubt Alkohol trinken oder nachts wegbleiben.

Ist Nachsitzen während der Pause in Ordnung?

Lehrkräfte dürfen Schüler während der Pause nachsitzen lassen. Wenn das Nachsitzen länger dauert, also eine Unterrichtsstunde lang, oder am Nachmittag stattfindet, müssen vorher die Eltern benachrichtigt werden. Grundsätzlich ist Nachsitzen als Erziehungsmittel erlaubt, damit Schüler, die gestört oder ihre Hausaufgaben nicht gemacht haben, die Inhalte nachholen können. Oder den Raum sauber machen, den sie verdreckt haben. Häufig sollen Schüler in der Zeit auch schriftlich ihr Fehlverhalten reflektieren. Das ist in Ordnung, allerdings nicht, wenn es nur sinnloses Abschreiben bedeutet, wie hundertmal den Satz aufschreiben »Ich darf andere nicht schlagen«. Auch das bloße Absitzen der Zeit ist nicht okay, denn das wäre wie Gefängnis.

Dürfen Lehrer unsinnige Strafarbeiten vergeben?

Entwürdigende oder körperliche Strafen sind nicht erlaubt. Ebenso wenig Maßnahmen, die nur bestrafen, aber nicht erziehen. Stört eine Schülerin zum Beispiel ständig im Unterricht, wäre es erlaubt, wenn die Lehrerin ihr aufträgt, zum Thema »Gegenseitige Rücksichtnahme« ein Referat vor der Klasse zu halten. Nicht in Ordnung wäre es hingegen, wenn die Schülerin 50-mal »Ich darf nicht stören« aufschreiben müsste.

Darf ein Lehrer Schüler im Klassenraum einschließen?

Es kommt darauf an. In einem Fall, der bundesweit Schlagzeilen machte, hatte ein Musiklehrer einer Realschule in Nordrhein-Westfalen seine Schüler daran gehindert, nach dem Unterricht den Klassenraum zu verlassen. Weil die Sechstklässler in der Stunde laut gewesen waren, hatte er ihnen aufgebrummt, einen Wikipedia-Eintrag über den Musiker Niccolò Paganini abzuschreiben. Nach dem Unterricht mussten die Sechstklässler ihre Arbeiten einzeln abgeben. Dabei hinderte der Lehrer mehrere Schüler daran, den Raum zu verlassen. Einer von ihnen rief per Handy die Polizei. Der Lehrer hatte sich demonstrativ mit einem Stuhl und einer Gitarre auf den Knien in den Türrahmen gesetzt, um so den Ausgang zu versperren. Das Amtsgericht Neuss verurteilte ihn daraufhin wegen Freiheitsberaubung. Das Gericht sprach den Pädagogen schuldig, beließ es aber bei einer »Verwarnung mit Strafvorbehalt«: Der Musiklehrer sollte sich im Umgang mit undisziplinierten Schülern fortbilden. Andernfalls drohten ihm tausend Euro Geldstrafe. Der Lehrer ging in Berufung. Das Düsseldorfer Landgericht konnte schließlich in zweiter Instanz keine Straftat im Verhalten des Lehrers erkennen. Zwar dürfen Lehrer Schüler nicht einsperren, um sie zu disziplinieren, es sei den Realschülern laut den Landesrichtern jedoch möglich gewesen, den Unterrichtsraum zu verlassen. Zudem habe der Pädagoge das Recht, »erzieherische Einwirkungen« auch außerhalb der Unterrichtsstunde zu ergreifen. Schließlich sei es ihm vorrangig darum gegangen, dass die Schüler ihre Texte verfassen und abgeben – und nicht darum, die Kinder einzusperren. Um ihrem Bildungsauftrag nachzukommen, können Lehrer das Fehlverhalten von Schülern sanktionieren. Als Maßnahmen nennt das nordrhein-westfälische Schulgesetz zum Beispiel Ermahnungen, Briefe an die Eltern, den Ausschluss von der Unterrichtsstunde oder eben auch Nacharbeit unter Aufsicht.

Essen, trinken, Jacken anbehalten – was Schüler (nicht) dürfen

Es gibt vieles, woran sich Schüler halten müssen. Doch natürlich haben sie selbst auch Rechte. Was in der Unterrichtszeit erlaubt ist – und was leider nicht.

Dürfen Schüler im Unterricht essen?

Nur, wenn es die Lehrer erlauben. Sowohl Essen als auch Trinken sowie Kaugummikauen dürfen vom Lehrer während der Unterrichtszeit untersagt werden. Der Grund: Diese Dinge tragen nicht zum Lernerfolg bei, sondern lenken eher ab – und können durchaus auf die Pause verschoben werden. Allerdings können Lehrer all das ihren Schülern auch gestatten. Für beide Haltungen gibt es gute Gründe. So können gerade Grundschüler beim gemeinsamen Frühstück auch über gesunde Ernährung aufgeklärt werden.

Dürfen Lehrer Schülern verbieten, mit dem Stuhl zu kippeln?

Lehrer *müssen* das Kippeln mit dem Stuhl und andere potenziell gefährliche Verrenkungen während des Unterrichts sogar verbieten, denn Schüler dürfen sich und andere nicht gefährden.

Dürfen Lehrer Schülern verbieten, auf Toilette zu gehen?

Ja, sagt Schulrechtsexperte Thomas Böhm. Nur der Lehrer – oder die Schulleitung – entscheidet, ob ein gesunder Schüler, der nicht an einer nachgewiesenen Blasenschwäche oder -entzündung leidet, den Unterricht verlassen darf. Sonst könnte ja jeder ständig nach Belieben rausgehen. Der Lehrer trägt allerdings auch die Verantwortung für seine Entscheidung. Und das kann im Falle eines abgelehnten Toilettengangs auch ein Dienstvergehen sein – wenn ein Kind sich deshalb zum Beispiel einnässt und das für den Lehrer vorhersehbar war, weil es augenscheinlich dringend musste. Andere Schulrechtsexperten sehen das jedoch anders und verweisen auf Artikel 1 des Grundgesetzes, der die Menschenwürde garantiert. Demnach gehöre es zu einer menschenwürdigen Behandlung, einen Toilettengang zu ermöglichen. Wenn ein Lehrer dies verweigere, könnten ihm strafrechtliche Konsequenzen drohen.

Dürfen Lehrer Schüler zwingen, ihre Jacken im Unterricht auszuziehen?

Die Schule hat einen Erziehungsauftrag und soll demnach Schülern auch ein sozial angemessenes Verhalten beibringen. Viele Lehrkräfte finden, dass dazu gehört, in geschlossenen Räumen keine Käppis, Mützen, Kapuzen, Jacken oder Mäntel zu tragen. Das kann auch in der Schulordnung festgelegt werden. Zudem haben einige Schulen entschieden, dass nicht bauchfrei getragen werden darf. Andere verbieten tiefe Ausschnitte, Hotpants oder sogar Jogginghosen – diese entsprächen nicht einer »angemessenen Kleidung«, argumentierte eine Privatschule in Hannover. Da es in Deutschland aber, anders als beispielsweise in Großbritannien, keine Schuluniform gibt, sind solche Verbote umstritten.

Müssen Schulen im Hochsommer Hitzefrei geben?

Nur, wenn die Schulleitung das so entschieden hat. Es gibt kein generelles Recht auf Hitzefrei. Und auch wenn die Nachbarschule ihre Schüler nach Hause schickt, muss das die andere Schule nicht tun. Die Entscheidung hängt von der Beeinträchtigung des Unterrichts ab und wie sehr sich die Räume aufheizen. Grundschulkinder dürfen nur nach Hause geschickt werden, wenn die Eltern zugestimmt haben.

Müssen Schulen im Winter Kältefrei geben?

Wenn die Heizung ausgefallen ist und es sehr kalt ist in den Räumen, ja. In Klassenräumen sollte es ungefähr 20 Grad warm sein. Liegt die Temperatur deutlich darunter, muss die Schulleitung die Schüler vom Unterricht befreien.

Dürfen Lehrer nach dem Klingeln die Stunde verlängern?

»Ich beende die Stunde, nicht die Klingel!« Jede Schülerin hat diesen Satz schon mal gehört. Stimmt er auch? Leider ja. Auch wenn eine Schulstunde an allgemeinbildenden Schulen nicht länger als 45 Minuten dauern soll, können Lehrkräfte von der geplanten Pausenzeit abweichen, wenn es der Bildungsauftrag erfordert. Andersherum dürfen Lehrer auch die Schreibzeit während einer Klassenarbeit in die Pause hinein verlängern.

Dürfen Lehrer Schüler in der Pause aus dem Klassenraum werfen?

Einige Schulen haben in der Schulordnung geregelt, dass die Kinder und Jugendlichen bei Kälte oder Nässe im Gebäude bleiben dürfen. Ansonsten gilt: Schüler können von ihren Lehrern beziehungsweise der Schulleitung in der Pause auf den Schulhof geschickt werden. Auch wenn es dort aus deren Sicht zu kalt, zu windig, zu nass oder zu heiß ist. Rechtswidrig wäre eine solche Anordnung nur, wenn allen Schülern eine offensichtliche Gefahr droht, zum Beispiel bei Hagel oder weil der Schulhof völlig vereist ist.

Dürfen Lehrer Schülern verbieten zu demonstrieren?

Ja, Lehrkräfte dürfen es Schülern verbieten, während der Schulzeit an einer Demo teilzunehmen, auch wenn die Eltern dieses erlauben. Die Schulpflicht hat nämlich normalerweise

Vorrang vor dem Recht auf Versammlungsfreiheit. Gehen die Schüler trotzdem auf die Demo statt in den Unterricht, können Lehrer die Fehlstunden im Zeugnis vermerken. Ausnahmen gibt es, wenn es sich um ein akutes Anliegen handelt, zum Beispiel, wenn Eltern und Schüler morgens Drogenspritzen auf dem Schulgelände finden und dagegen protestieren. Dass Schüler in der Regel für Demos nicht beurlaubt werden, gilt laut Schulrechtsexperte Thomas Böhm auch für weltweite Anliegen wie «Fridays for Future». Es sei denn, die Schulleitung macht eine Ausnahme und erlaubt die Teilnahme.

Noten und Fragen der Fairness

Zensuren sind ein heikles Thema, für beide Seiten. Lehrer und Lehrerinnen müssen bei der Notengebung einiges beachten, sonst können Schüler sich gegen die Note wehren.

Dürfen Lehrer einige Schüler bevorzugen oder benachteiligen?

Nein, es gilt das Recht auf gleiche Behandlung und Chancengleichheit. Lehrer müssen in Prüfungen von allen Schülern dieselben Leistungen fordern und diese anhand derselben Maßstäbe bewerten. »Das gefällt mir einfach nicht« ist somit noch keine angemessene Begründung für eine Note. Auch die Umstände müssen für alle Schüler gleich sein. Es gibt aber Ausnahmen: Schülern mit einer Lese-Rechtschreib-Schwäche und anderen Einschränkungen oder Behinderungen können Vorteile gewährt werden, wie mehr Zeit bei einer Klassenarbeit. Diese dürfen allerdings nur zum Ziel haben, den individuellen Nachteil auszugleichen.

Darf ein Lehrer in der Klassenarbeit Stoff abfragen, der im Unterricht nicht drankam?

Nein. Klassenarbeiten sind Leistungskontrollen für Inhalte aus dem Unterricht, und Schülern dürfen daher keine Fragen gestellt werden, die keinen Bezug dazu haben. Die Klausuraufgaben müssen vielmehr laut Schulrechtsanwalt Rolf Tarneden »aus dem Unterricht erwachsen sein«. Sonst wäre es ja dem Zufall überlassen, ob eine Schülerin eine Frage beantworten kann oder nicht. Wenn zum Beispiel das schriftliche Dividieren im Matheunterricht noch nicht eingeführt wurde, aber in einer Mathearbeit eine Aufgabe dazu kommt, darf diese nicht gewertet werden. Das gilt auch für Abiturprüfungen: In einem Fall hatte ein Deutschlehrer einer Waldorfschule in Hildesheim vergessen, das landesweit als Pflichtlektüre vorgeschriebene Drama »Die Physiker« von

Friedrich Dürrenmatt zu behandeln – ebendieses Buch war aber Thema im Zentralabitur. Alle Prüflinge des Deutschkurses brachen die Klausur ab. Später wurde entschieden, dass die Abiturprüfung wiederholt werden durfte.

Darf eine Lehrkraft eine Leistung anders bewerten als andere Lehrer?

Prüfer haben einen Bewertungsspielraum. Und sie bewerten Klassenarbeiten im Vergleich. Daher ist es in der Regel nicht zulässig, einzelne Arbeiten im Nachhinein durch einen Zweitgutachter überprüfen zu lassen. In einem Fall wollte eine Schülerin erreichen, dass ihre Deutschklausur neu bewertet würde – die Note 5 sei nicht angemessen, meinte sie; das habe auch das Gutachten eines Universitätsgermanisten ergeben. Ein Gericht in Koblenz befand jedoch: Wie der Unidozent die Arbeit bewertet hätte, ist irrelevant. Es zählt die Entscheidung des Lehrers. Natürlich dürfen keine Lotterie-Noten verteilt werden. Vielmehr müssen sie begründet werden und sich auf den jeweiligen Schüler beziehen. Lehrer müssen also erklären können, wie das Leistungsbild aussieht und was die Parameter für die Benotung sind.

Dürfen Lehrkräfte Noten vor der ganzen Klasse bekannt geben?

Ob Noten von Klassenarbeiten, mündlicher Mitarbeit oder Zeugnissen vor der ganzen Klasse bekannt gegeben werden dürfen, ist umstritten. Auf der einen Seite stehen der Datenschutz sowie die Gefahr, dass sich einzelne Kinder bloßgestellt fühlen könnten. Auf der anderen Seite werden Leistungen nachvollziehbarer, da die Mitschüler ja im Schulalltag auch mitbekommen, wer sich wie stark im Unterricht engagiert. Zudem können so auch die Schüler besser erkennen, ob der Lehrer den Grundsatz der Gleichbehandlung beachtet. Natürlich darf eine Lehrkraft aber nicht einzelne Schüler bei der Notenvergabe verhöhnen oder zum Beispiel alle mit der Note 5 aufstehen lassen.

Dürfen Lehrer ständig Filme zeigen?

Wenn der Film nicht eingebettet ist in den Unterricht, handelt es sich um ein Dienstvergehen. Zeigt ein Lehrer ständig fachfremde Filme oder macht anderen abseitigen Kram, um offensichtlich keinen Unterricht geben zu müssen, können und sollten Schüler und Eltern das Gespräch mit dem Lehrer suchen. Im nächsten Schritt könnten sie sich bei der Schulleitung beschweren. »Häufig lassen Kinder und Jugendliche so etwas zu lange über sich ergehen«, sagt Böhm. Wenn ihnen nämlich erst bei der Notenvergabe auffällt, dass die Zensur unfair ist und sie keine Möglichkeit hatten, sich richtig einzubringen, ist es meistens zu spät.

Was per se nicht verboten ist, aber in den Auswüchsen mitunter schon auch Anwälte beschäftigen könnte, sind die Marotten und Eigenarten von Lehrkräften. Hört sich harmlos an, ist für Schüler aber nicht immer nur lustig. Für uns dafür umso mehr. Lesen Sie im folgenden Kapitel mehr über die **Spleens** von Pädagogen.

Spleens:
»Unsere Kunstlehrerin erspürt
die Noten mit den Füßen«

Wir alle haben Fimmel. Viele geben ihre nicht zu, aber sie sind da. Die meisten können sie gut verstecken: Rein ins Auto oder rauf aufs Fahrrad, Bürotür auf, Bürotür zu. Bis zum Feierabend. Kein Wunder, dass niemandem etwas Komisches auffällt. Lehrer dagegen sind exponiert. Jeden Tag, stundenlang.

Da ist die Lehrerin, die sich im Unterricht ausgiebig schminkt. Da ist der Englischlehrer, der immer mit einem Reisekoffer in den Unterricht kommt, darin: seine Schultasche. Da ist die Biologielehrerin, die nicht im dritten Stock des Schulgebäudes unterrichten kann – weil sie angeblich die Höhenluft nicht verträgt. Und da sind viele weitere Lehrkräfte mit bizarren Eigenheiten und Ticks. Waren die schon immer da, oder haben sich die Spleens über die Jahre verstärkt? Stress verstärkt zwanghaftes Verhalten, heißt es ja. Doch wo ist die Henne und wo das Ei?

Es könnte sein, dass einige Menschen auch Lehrer werden, weil sie wissen: Sobald sie es durchs Referendariat geschafft haben, können sie ungehemmt schrullig sein bis zur

Pensionierung. Vielleicht sind aber auch die Schüler schuld, die Eltern, die Schulleitung, der Lärm, der Druck, die ständigen Auseinandersetzungen. Tja, was willste machen.

Lehrer unter Zwang

Es gibt Dinge, die können nur auf eine bestimmte Art und Weise gemacht werden, damit sie gelingen – beim Kochen etwa, im OP-Saal oder auch bei der Fertigung eines Autos. Und dann gibt es Bereiche, da hat man Spielräume. Doch nicht jeder Lehrer ist so locker, spontan und flexibel, wie er sein könnte. Einige verordnen ihrem Unterricht ein selbst geschnürtes Korsett:

In Gedenken an Caesar
»Mein Lateinlehrer stellte bei Kurztests immer 23 Fragen, weil Caesar mit 23 Messerstichen getötet wurde.«

Reinheitsgebot
»Unser Geschichtslehrer sammelte regelmäßig unsere Ordner ein, um zu überprüfen, ob wir auch ja alle Materialien

und Mitschriften abgeheftet hatten. Bei der Rückgabe fiel uns auf, dass er bei allen, die ihre Aufzeichnungen auf Umweltpapier verfasst hatten, vom Papier eingeschlossene dunkle Punkte mit rotem Stift einzeln umkreist hatte. Diese Kreise beschriftete er dann mit Kommentaren wie ›Was ist das?‹ oder ›Iiieh!‹ oder ›Schlampig!‹. Dabei konnte natürlich niemand etwas für die Einschlüsse im Papier.«

Der Ein-Blatt-Zwang

»Eine Lehrerin von uns wollte immer, dass wir alle Exzerpte oder Buchbesprechungen auf einem einzigen Blatt abgeben. Die Schriftgröße war ihr egal. Wenn man es wirklich genau und ausführlich machen und 15 Punkte haben wollte, musste man teilweise Schriftgröße 5 verwenden.«[1]

Der Ein-Blatt-Zwang II

»Wir hatten mal einen Referendar als Deutschlehrer. Er versuchte immer, so viel wie möglich auf eine Seite zu kopieren. Einmal hat er extrem viele Absätze auf ein Blatt kopiert, in alle Himmelsrichtungen verteilt. Ich meinte daraufhin zu ihm: ›Sie hätten wenigstens die Absätze nummerieren können.‹ Er: ›Ich hatte zwei Möglichkeiten: Entweder das Kopierkonto ausreizen oder mir die Augen kaputt machen. Ich habe mich für die zweite Variante entschieden.‹«

---

[1] Schriftgröße 5 ist übrigens so

Eigenwillige Entsorgung

»Während wir Schüler im Unterricht zum Beispiel einen Text übersetzten, las unser Englischlehrer die Zeitung. Jedes Mal, wenn er mit einer Doppelseite durch war, zerriss er sie feinsäuberlich. Am Schluss steckte er die Fetzen gebündelt in seinen Aktenkoffer.«

Andere Angewohnheiten sind gar angsteinflößend:

Das war ich nicht!

»Unser Deutschlehrer war ein Choleriker. Da er wohl selbst wusste, dass er sich nicht beherrschen konnte, fixierte er bei seinen Wutanfällen stets den Nachbarn des Schuldigen. Vor allem als wir das noch nicht wussten, war es für den Rest der Klasse jedes Mal ein skurriles Schauspiel: Der unschuldig Angeklagte verstand die Welt nicht mehr und wurde unter dem Gebrüll des Lehrers immer kleiner und kleiner, während der eigentliche Adressat völlig unbeteiligt dem Donnerwetter zusah.«

Böser Lehrer!

»Unser Lehrer ohrfeigte sich ab und zu selbst, wenn er etwas seiner Meinung nach Schlechtes getan hatte. Vor der Klasse.«

Die folgende Anekdote ist bereits um die 50 Jahre her. Sie ist ein gutes Beispiel dafür, wie wichtig Disziplin und Pünktlichkeit in Klassenzimmern mal waren. Und sie ist das

Gegenteil von modernen Lernformen. Eines ist daran aus Schülersicht allerdings charmant: 43 Minuten und 45 Sekunden lang hatten sie praktisch nichts zu tun.

Es war einmal an einem Gymnasium in Niedersachsen

»Unser Biologielehrer trug stets einen weißen Kittel und brachte immer drei Dinge mit in den Unterricht: einen kleinen Handfeger, eine Armbanduhr und eine Stahlkugel. Mit dem Handfeger wurde das Lehrerpult vom Kreidestaub befreit. Die Stahlkugel und die Armbanduhr dienten dazu, die Unterrichtsstunde in exakte Einheiten zu unterteilen. Die Uhr legte er in Sichtweite auf das Pult. Mit der Stahlkugel gab er Signale, zum Beispiel: ›Heute zeichnen wir eine Stechmücke. Wenn ich klopfe, könnt ihr mit dem Zeichnen beginnen.‹ Dann gab es auch die komplett durchgetakteten Stunden, in denen etwa der Flügel eines Schmetterlings unter dem Mikroskop betrachtet werden sollte. Nach einer fünfminütigen Einführung verteilte er die restliche Unterrichtszeit auf die Anzahl der Schüler, zum Beispiel: 40 Minuten durch 32 Schüler gleich 75 Sekunden pro Schüler. Genauso lange durfte jeder Einzelne den Schmetterlingsflügel anschauen. Ein Schüler musste durch Klopfen signalisieren, wenn die Zeit rum war. Und damit beim Wechsel am Mikroskop keine Zeit verloren ging, musste der jeweils nächste Schüler schon in Warteposition bereitstehen.«

Umweltschutz – was ist das?

»Unser Mathematiklehrer fuhr einen recht betagten VW-Käfer. Der Wagen sprang nur an, wenn er angeschoben wurde. Um sich diese Mühe zu ersparen, ließ der Lehrer regelmäßig den Motor im Leerlauf auf dem Schulparkplatz weiterlaufen, bis sein Unterricht für diesen Tag beendet war. Immerhin machte er dies nur an Tagen, an denen er weniger als vier Stunden Unterricht hatte.«

Die Klassentür schwingt auf, die Lehrerin kommt rein. Guten Morgen, guten Morgen. Bevor der Unterricht losgehen kann, müssen jedoch einige Lehrkräfte bestimmte Vorkehrungen treffen:

Ich packe meinen Koffer

»Einer unserer Englischlehrer kam immer mit einem Reisekoffer in den Unterricht. Darin befand sich seine Lehrertasche. Zu Beginn der Stunde öffnete er den Koffer, nahm die Tasche heraus und stellte ihn beiseite. Am Ende des Unterrichts packte er die Tasche wieder hinein. Dieser Lehrer wurde übrigens später Abgeordneter in der Landesregierung.«

Fass mich nicht an!

»Wir hatten eine Handarbeitslehrerin, die nur ›die Bazil-lentante‹ genannt wurde. Sie fasste nie etwas mit ihren Händen an: Die Lenkergriffe ihres Fahrrads waren mit Butterbrotpapier umwickelt, ebenso der Sattel. Sie hatte auch immer noch weiteres sauberes Butterbrotpapier dabei, um sich auf den Stuhl zu setzen oder die Türgriffe anzufassen. Und wenn sie eine Handarbeit erklären wollte, zeigte sie nur darauf – aus gut 30 Zentimeter Entfernung.«

Ach, wie schön waren die Vor-Corona-Zeiten, als man über solche Ängste noch arglos schmunzeln konnte.

Zeitlos

»Es war ein seltsames Ritual: Wenn unser Englischlehrer den Raum betrat, nahm er seine Armbanduhr ab, hängte sie an den Landkartenständer und schob diesen so hoch wie möglich. Die Uhr baumelte dann die ganze Stunde knapp unter der Decke des Klassenraums. Kurz vor Unter-richtsende ließ er den Kartenständer wieder herunter und legte sich die Uhr wieder an.«

Safety first

»Ein Lehrer nahm jedes Mal vor dem Unterricht die Schub-lade aus seinem Pult, bevor er sich hinsetzte. Es wurde gemunkelt, er habe sich zu einem früheren Zeitpunkt ein-mal heftig die Genitalien daran gestoßen.«

Nicht ganz auf der Höhe

»Wir warteten im Unterrichtsraum im dritten Stock des Schulgebäudes auf unsere Biologielehrerin. Nach fünf Minuten erschien die Schulsekretärin, die uns mitteilte, dass der Unterricht an diesem Tag im Erdgeschoss stattfinden würde, da unsere Lehrerin eine Ohrenentzündung habe und deshalb die Höhenluft nicht vertrage.«

Manche Anekdoten beschreiben lustige Marotten, andere, so wie die folgende, sind offenbar ein Ausdruck tiefergehender Probleme. Und ein Zeichen für die extrem große Toleranz, die bei einigen Schulleitungen herrscht.

Multiple Probleme

»In der Mittelstufe hatten wir eine Lehrerin für textiles Gestalten und Ernährungslehre. Sie hatte sehr merkwürdige Angewohnheiten. So lief sie zum Beispiel durch die Pausenhalle, schob mit ihren Händen und Armen imaginäre Personen zur Seite und schrillte: ›Weg da, weg da!‹ Dabei war es egal, ob die Pausenhalle leer oder voll war. Und zu Beginn jeder Unterrichtsstunde mussten wir erst mal die Tische verrücken, denn diese sollten exakt an den Kanten der quadratischen Bodenfliesen ausgerichtet sein. Natürlich haben wir uns einen Spaß daraus gemacht, die Tische immer wieder zu verrücken, was unsere Lehrerin schier zur Verzweiflung brachte. Sie flitzte dann durch den Klassenraum und richtete die Tische selbst korrekt aus.

Dann begann sie, ihr Lehrerpult mit Desinfektionsmittel und einem Haufen Papiertücher zu putzen. Nach einer kleinen Verschnaufpause kramte sie ihr Schminkset und ein Handtuch aus der Tasche. Schließlich schminkte sie sich am Spiegel über dem Waschbecken vor den Augen der ganzen Klasse ab und legte dann das komplette Make-up neu auf. Dieses tat sie übrigens auch in den anderen Klassen, sodass sie sich letztlich im Zweistundentakt vor insgesamt Hunderten von Schülern geschminkt hat. In der zweiten Hälfte der Doppelstunde ging dann der eigentliche Unterricht los.«

»Unser Englischlehrer versuchte, uns schweigend zu unterrichten« – Kommunikationsprobleme

Lehrer und Lehrerinnen sind permanent im Austausch mit ihrer Klasse. Umso wichtiger: eine gute Kommunikation, die dazu führt, dass sich beide Seiten im Wortsinne gut *verstehen*. Es gibt auf diesem Gebiet eine Unmenge an Trainern, Kursen und Büchern. Mal in eins von denen reinzulesen würde diesen Lehrkräften bestimmt helfen.

Stille Wasser

»Unser Chemielehrer wurde beim Reden immer leiser. Oft setzte er sogar lange ganz aus. Wir warteten. Irgendwann flüsterte er dann: ›Achtung, ich rede jetzt weiter.‹«

Pssst ...

»Unser Englischlehrer hat, sobald er auch nur leicht erkältet war, versucht, die Klasse schweigend zu unterrichten. Es kamen sogar andere Lehrer zum Stundenbeginn mit, um die Situation zu erklären. Natürlich ging der stumme Unterricht immer schief, und nach kurzer Zeit war Partystimmung in der Klasse. Es wurde dann regelmäßig so wild, dass der Lehrer irgendwann anfing rumzuschreien und dadurch komplett seine Stimme verlor.«

Gemüse ist mein Gemüse

»Mitten in der Stunde, es konnte auch während einer Klassenarbeit sein, stieg unser Deutschlehrer auf die Fensterbank, öffnete das Fenster und schrie: ›Kartoffeln!‹ Danach schloss er das Fenster wieder, stieg runter und der Unterricht ging normal weiter.«

Die Klasse habe sich derweil nur entgeistert angeschaut, berichtete der ehemalige Schüler, der uns diese Anekdote schilderte.

What's your name?

»In der 11. Klasse hatten wir einen Lehrer, der uns
zu Beginn des Schuljahres ›neue‹ Namen gab. Er
erklärte uns, dass er sich nicht jedes Jahr die neuen
Namen von 30 Teenagern merken könne, deshalb
würde er uns bei den Namen alter Bekannter und
Freunde nennen, an die wir ihn erinnern. Ich
wurde Conny genannt, andere hießen für ein Jahr
Ursula, Hans, Brigitte oder Viola. Wir wurden ausschließlich so aufgerufen und mussten auf Arbeiten
immer unseren richtigen und den zugeteilten Namen
schreiben.«

Es gibt diverse Tricks, um sich Namen zu merken. Wer danach googelt, erfährt: Man soll den Namen laut aussprechen
und die Person dabei anschauen. Und das immer wieder.
Die Klasse mit den Fake-Namen hätte anfangs gegen die
Methode protestiert, erzählte die Einsenderin. »Am Ende
konnten wir aber sehr gut damit leben.« Man gewöhnt sich
schließlich an alles. Auch an andere eigenwillige Formen der
Kommunikation:

Der Jonathan erklärt euch jetzt das Experiment

»Ein Physikreferendar hatte einen Smiley-Magneten, den
er ›Jonathan‹ nannte. Mit ›Jonathan‹ beschrieb er unter
anderem Versuchsaufbauten an der Tafel. Pädagogisch ist
das vielleicht sinnvoll, als Abiturklasse fühlten wir uns
aber doch ein wenig verschaukelt.«

Lehrerin im Kunstrausch

»Zur Bewertung der Bilder legte unsere Kunstlehrerin die Werke ihrer Schüler auf den Fußboden. Dann zog sie die Schuhe aus und stellte sich barfuß auf ein Bild. Mit geschlossenen Augen erspürte sie anschließend die Note. Zitat: ›Ich nehme hier negative Farben wahr. Drei plus.‹«

Too much information

»Ein Referendar erzählte uns, dass er leidenschaftlich gern ›World of Warcraft‹ spiele und dort auch seine Frau kennengelernt habe. Beim gemeinsamen Zocken am See habe er ihr dann über das Computerspiel auch einen Heiratsantrag gemacht. Selbst der Klassennerd fand das befremdlich.«

Das stinkt zum Himmel

»Seltsame Lehrer gab es bei uns einige, aber meine Mathe- und Physiklehrerin in der Mittelstufe stach aus der Masse hervor. Sie hatte psychische Probleme, unterrichtete aber dennoch weiter. Gelegentlich war sie fest davon überzeugt, dass zwei weitere Schüler in unserer Klasse säßen und unsere Leugnung der Existenz dieser nur ein Versuch sei, sie zu verwirren. Das führte spätestens bei der Notenvergabe zu unterhaltsamen Schwierigkeiten. Im Physikunterricht verwendete sie teilweise selbst erfundene Begriffe statt der offiziellen Bezeichnungen. Dabei war die Beherrschung ihrer Terminologie Voraussetzung dafür, Klassenarbeiten zu bestehen. Das Mitleid hielt sich bei uns jedoch in Grenzen, was vor allem an der unfairen Benotung lag – und ihrem eklatanten Mangel an Körperhygiene. Sie hatte ein Faible für Polyesterkleidung, die sie gern mehrere Tage am Stück trug. Das machte jede Schulstunde zur Tortur, insbesondere im Sommer.«

Erst jahrelange Schüler- und Elternproteste später sei schließlich die Behörde eingeschritten und die Lehrerin wegen Dienstuntauglichkeit in den vorzeitigen Ruhestand versetzt worden.

Rauchen, Saufen, Mampfen

Laster lassen sich nur schwer verstecken, wenn man jeden Tag Hunderte Zuschauer hat. Insbesondere, wenn die Sucht so heftig ist, dass man es keine Schulstunde ohne Stoff aushält.

Recht auf Rauch
»Wir hatten einen Mathelehrer, der uns im Erdgeschoss immer nur durchs Fenster hindurch unterrichtet hat, damit er selbst draußen stehen konnte, um die ganze Zeit zu rauchen. Den Projektor hatte er so nah rangeschoben, dass er ihn auch durchs Fenster beschriften konnte. Wurden wir zu unruhig, setzte er zu einem beherzten Sprung ins Klassenzimmer an.«

Ohne Filter

»Um unsere Aufmerksamkeit zu erhöhen, machte unser Deutschlehrer schon mal einen Handstand auf dem Lehrerpult. Zudem rauchte er Kette: Roth Händle – während des Unterrichts im Klassenraum. Da war er aber nicht der Einzige: Unser Kunstlehrer schmauchte ebenfalls während des Unterrichts seine Pfeife.«

Vorfreude ist die schönste Freude

»Ein Lehrer schnupperte regelmäßig im Unterricht ausführlich an der Zigarre, die er nach der Stunde – vielleicht auch während der Stunde, er verschwand häufig für längere Zeit – zu rauchen pflegte.«

Dieser Lehrer hätte vermutlich beim Marshmallow-Test nicht gut abgeschnitten. Bei diesem bekannten Experiment werden Kinder zehn bis 15 Minuten allein in einen Raum gesetzt, ihnen eine Süßigkeit angeboten und sie vor die Wahl gestellt: Entweder sie vernaschen sie sofort, oder sie warten und bekommen doppelt so viel. So soll die individuelle Selbstkontrolle getestet werden.

Ich geh mal »ein Glas Milch trinken«

»Unser Musik- und Deutschlehrer war Hochprozentigem nicht abgetan. Häufig verschwand er im Nebenzimmer mit dem Spruch: ›Jungs, ich trink mal eben ein Glas Milch auf euer Wohl!‹ Anschließend setzte er sich ans Klavier und hämmerte Balladen in die Tasten – mit ergreifendem Bariton.«

Ich geh mal »was kopieren« ...

»Unser Lateinlehrer hatte offensichtlich ein Alkoholproblem. Mindestens einmal in der Stunde verschwand er aus der Klasse, ›um etwas zu kopieren‹. Er ging ohne Blätter weg, kam ohne Blätter wieder – hatte aber stets ein Pfefferminzbonbon im Mund. Der Ausdruck ›etwas kopieren gehen‹ wurde an unserer Schule zum Synonym für ›sich betrinken‹.«

Sogar die zuweilen ausgefallenen Essgewohnheiten ihrer Lehrer entgehen den Kindern und Jugendlichen nicht. Wie auch, wenn diese mitten im Unterricht anfangen zu essen.

Banane und Ei – im Schlafanzug

»Wir hatten einen Geschichtslehrer, der mehrmals in der Schule die Schlafanzughose unter seinem Anzug trug. Hin und wieder öffnete er während einer Schulstunde seinen Aktenkoffer und nahm eine völlig braune Banane heraus, die er dann genüsslich verspeiste – oder er pellte sich ein gekochtes Ei und aß es während des Unterrichts.«

Banane, Apfel und Pflaumen

»Unser Englischlehrer hatte stets ein aufklappbares Sitzkissen dabei. Zudem aß er ständig Obst, und zwar immer zum Stundenbeginn: In der ersten Stunde eine Banane, in der dritten Stunde einen Apfel und in der fünften Stunde entweder Weintrauben oder Pflaumen.«

An das Obst der Lehrkraft erinnern sich viele Schüler nach einer Stunde mehr als daran, was inhaltlich Phase war. Simuliertes Zuhören ist eine Fähigkeit, bei der man sein Gegenüber anschaut, sich aber nicht auf das konzentriert, was die Person sagt, sondern eben auf andere Details. Die sind ja auch oft viel lustiger.

Bunte Glatze

»Ein Lehrer, der eine polierte Glatze hatte, schrieb liebend gern während des Unterrichts auf dem Whiteboard. Dabei benutzte er stets viele Farben. Zum Wegwischen allerdings nutzte er keinen Lappen, sondern stets seine Finger. Leider fasste er sich ständig an den Kopf. Am Ende der Stunde war er regelmäßig bunt gescheckt und sah aus wie ein Clown.«

Weiße Brust

»Ein Geschichtslehrer unserer Schule hatte die Angewohnheit, sich beim Ausführen eines Sachverhalts an die Brust zu fassen. Da er gleichzeitig oft ein Kreidestück in den Händen hielt, hatte er ab seiner ersten Unterrichtsstunde des Tages stets ein oder zwei weiße Flecken auf dem Pullover.«

Weißer Bauch

»Unser Physiklehrer war recht klein, hatte einen Spitzbart und einen dicken Bierbauch. Er trug bevorzugt hautenge Rollkragenpullover in Beige. Während er an die Tafel schrieb, schlug er immer wieder gedankenverloren mit den Händen auf seinen Bauch, sodass der enge Pulli am Ende der Stunde voller weißer Handabdrücke war. Ich glaube, er merkte es erst, als wir ihm zum Abi einen beigefarbenen Rolli schenkten, auf dem jeder von uns seine Hände in Kreide verewigt hatte.«

Weiter geht's mit unserer **Lehrertypologie** – eigens für Sie entworfen, auf der Basis jahrelanger Beobachtungen und Recherchen: Treffen Sie die Sensible, den Öko-Besserwisser, Dr. Korrekt und viele mehr.

Typologie:
Mit diesen 13 Lehrern müssen Schüler rechnen

Auf den Lehrer kommt es an! Wer ihn mag, freut sich auf den Unterricht, findet den Stoff häufig interessant und strengt sich auch mehr an als in anderen Fächern. Dabei sind sie so verschieden wie die gesamte Menschheit auf diesem Erdball: Es gibt die Strengen und die Laschen, es gibt eitle Vögel und nervige Blender, liebevolle Unterstützer und brillante Redner. Sie sind strukturiert oder konfus, niveauvoll oder platt, locker oder nachtragend.

Manche Pädagogen werden von Schülern geliebt, andere gehasst, einige in jeder Pause verspottet. Und doch macht den Schülern erst die Gesamtheit dieser Persönlichkeiten klar, wie unterschiedlich die Menschen sein werden, mit denen sie für den Rest ihres Lebens entweder klarkommen müssen oder aneinandergeraten werden. Schon deshalb ist das Lehrerkabinett eine prima Vorbereitung aufs Leben.

Wir haben für Sie 13 Typen mit Talenten und Tücken entworfen, ganz prototypisch, denn Schubladendenken trägt enorm zur Orientierung bei. Die Merkmale haben wir in vielen Gesprächen und Recherchen gesammelt und zu Persönlichkeiten geformt, die jedem Schüler in ähnlicher Form begegnen können. Sie haben Macken und Stärken, manche mehr Macken, manche mehr Stärken. Nur die Zuweisung von Geschlechtern haben wir ganz zufällig gewählt – für die Gerechtigkeit und den Lesefluss.

Dr. Korrekt
Fächer: *Wirtschaft, Physik*

Eigentlich ist an ihm ein Manager verloren gegangen, das sieht man schon an seinem korrekten Hemd. Seit 25 Jahren ist Dr. Korrekt nur stellvertretender Rektor, er behält den Überblick über Finanzen und Personal, doch er hasst Auftritte bei Einschulungen oder Verabschiedungen. Er ist ein Mann der Zahlen, nicht der Effekte, auch deshalb ist er nie Rektor geworden. Dr. Korrekt ist höchst strukturiert, verlässlich, niemals krank – allerdings interessieren ihn die Schüler nicht mehr wirklich. Aufgrund seiner Zusatzaufgaben in der Verwaltung des Gymnasiums beschränkt er sich auf das Unterrichten des Faches Wirtschaft. Dabei zieht er seine seit Jahrzehnten bewährten Unterrichtseinheiten durch, ohne mit überflüssigen Modeerscheinungen wie

Schülerprojekten oder Internetnutzung Zeit zu verschwenden. Zu Beginn jeder Stunde fragt er für zehn Minuten die Fachbegriffe der letzten Stunde ab, den Rest der Zeit doziert Dr. Korrekt dann im Frontalunterricht, bis der Pausengong klingelt. Es ist ratsam, die wichtigsten Soundwörter immer draufzuhaben, denn an seinen schlechten Tagen explodiert der Altmodische vor Zorn, wenn die Definitionen nicht sitzen. Früher wären so unverschämte Luschen nicht ans Gymnasium gekommen!

Tipp für Schüler: Nichts ist dem Altmodischen mehr zuwider als eine unsaubere Handschrift.

Tipp für Eltern: Kommen Sie ihm bloß nicht spontan mit neuen Ideen für Wandertage – der ist auf Jahre hinaus fest gebucht, Sparpreis, versteht sich.

Der Kumpeltyp

Fächer: *Erdkunde, Pädagogik*

Mit seiner Cargohose, den etwas knittrigen Metal-Band-T-Shirts und umgedrehtem Base-Cap kleidet sich der Kumpeltyp immer noch wie ein Referendar in den 1990ern. Er ist unkompliziert, infantil und immer gut drauf. Seine Witze findet er selbst allerdings am lustigsten, denn den Anschluss an den Humor von Teenagern hat er längst verpasst. Doch der Kumpeltyp ist süchtig nach Bestätigung durch junge Leute, dafür macht er sich auch mal zum Affen und schafft sich alle Fortnite-Moves drauf. Primatenmäßig ist auch seine

Sauklaue, wenn sich der Kumpeltyp mal zu einem Tafelbild durchringt. Geheimtipp dazu: Besser nicht zu lange warten mit dem Abschreiben, denn das versteht im Nachhinein niemand mehr. Die Schüler mögen ihn für seine Harmlosigkeit und weil es heißt, er rauche in seiner Freizeit manchmal Gras. Seit er vor einigen Jahren aber beim Päda-Kurstreffen einigen Oberstufenschülern Radler-Bier ausgab und sich das rumsprach, finden die Kurstreffen nicht mehr statt. Trotzdem hängt er noch immer viel mit seinen Schülern in der Cafeteria ab und hat immer ein offenes Ohr, auch für privaten Kram. Mehrmals wurde er bereits als Vertrauenslehrer gewählt. Hat sich auch jahrelang als Lehrer des Jahres beworben, hier aber nie gewonnen, was er sich nur mit einem manipulierten Wahlsystem erklären kann.

Tipp für Schüler: Der Kumpeltyp will gemocht werden – dafür verschenkt er gute Noten.

Tipp für Eltern: Sie freuen sich über die Leistungen Ihres Kindes im LK Pädagogik? Das muss nicht heißen, dass Ihr Kind fit fürs Abi ist. Besser Sie checken vorher mal die Leistungsanforderungen.

Die Sensible

Fächer: *Kunst, Französisch, Ethik*

Diese verhuschte Pädagogin liebt ihre Fächer so sehr, dass es sie einfach nur schmerzt, Gemälde von Claude Monet oder Liebeslyrik von Baudelaire den pubertierenden Banausen vorstellen zu müssen. Eigentlich ist sie zu sensibel für den Schuldienst, hat sich aber aufgrund lebenslanger chronischer Migräne für die sichere Beamtenlaufbahn entschieden, wo ihre exorbitanten Fehlzeiten schulterzuckend akzeptiert werden. Leider hat sie didaktisch wenig drauf. Trotz fachlicher Hingabe endet ihr Unterricht, wenn er denn mal stattfindet, regelmäßig im Chaos – für die Schüler reine Zeitverschwendung. »Kinder! Bitte!«, piepst sie schwach durch den Kunstraum, wenn in der 9a wieder Partystimmung herrscht. Längst hackt in der letzten Reihe jemand mit dem Schneidwerkzeug fürs Linoleum auf die Tischplatte ein – sinnlos, ihn zu ermahnen, denn er trägt Noise-Cancelling-Kopfhörer. Beschäftigen mag sie sich aber sowieso am liebsten nur mit ihren zwei Lieblingskindern. Diese konfliktscheue Pädagogin entlässt die Mittelstufen stets fünf Minuten früher in die Pause, um noch allein Klarschiff zu machen und die Essensreste zu entsorgen. Früher hat sie noch versucht, die Schüler zum Aufräumen zu zwingen, doch das begünstigte ihre Migräneschübe. Als Pausenaufsicht wird sie schon lange nicht mehr eingesetzt – zu durchsetzungsschwach, zu lärmempfindlich. **Tipp für Schüler:** Wer hier im Unterricht nicht stört, bekommt schon aus Dankbarkeit eine Zwei.

Tipp für Eltern: In Französisch privat Nachhilfe buchen, hier ist kein stringenter Unterricht möglich. In ein bis zwei Jahren werden die Lehrer wieder wechseln.

Der Öko-Besserwisser

Fächer: *Sozialkunde, Biologie*

In der Schule soll Wissen vermittelt werden, und genau darin liegt die Mission des Besserwissers. Know-how hat er nämlich reichlich, und davon auch noch das RICHTIGE: Als moralische Instanz belehrt der Besserwisser inner- und außerhalb der Unterrichtszeit über globale Zusammenhänge und fairen Handel, über Tierschutz und die Folgen der Erderwärmung. Er leitet das Urban-Gardening-Projekt und die Umwelt-AG, in der er ganz offen zum Besuch der Fridays-for-Future-Demonstrationen ermuntert (was er eigentlich nicht darf), vorbereitend werden schon mal Plakate gemalt. Der Öko-Besserwisser plädiert schon lange für eine vegane, mindestens aber vegetarische Schulkantine, ist damit aber bislang am Widerstand einiger Schülervertreter gescheitert, was ihn sehr frustriert. Am letzten Tag vor den Ferien serviert er deshalb gern seine selbst gemachten Pizza-Schnittchen aus regional angebautem Bio-Dinkelmehl: »Ein Ur-Korn, viel nahrhafter als Weizen!« Die schmecken hervorragend, leider wiederholt er dazu immer seinen Vortrag darüber, wie vegane Ernährung das Klimaproblem lösen könnte. Der Öko-Besserwisser könnte ein beliebter Lehrer sein, wenn ihm nicht der Humor fehlte. Fürs Lachen ist ihm seine Mission nämlich viel zu ernst. Ach ja, und wenn er etwas gegen seinen Achselschweiß unternähme.

Tipp für Schüler: Dieser Typ Lehrer hasst Ignoranz, ansonsten verzeiht er viel. Zuspätkommen ist hier in der Regel kein Problem.

Tipp für Eltern: Vermeiden Sie das Thema Schulkantine.

Der Lasche
Fächer: *Erdkunde, Philosophie*

»Leute, wir sind momentan echt gut im Lehrplan. Ich hab für heute gar keinen Stoff mehr und würde daher vorschlagen, wir gucken einen Film. Was meint ihr?« So oder so ähnlich beginnt jede zweite Unterrichtsstunde beim Laschen. Ein Jahr lang James Bond gucken, Asterix lesen in Stillarbeit oder mal 20 Minuten früher Schluss machen: Der Lasche rettet die Lern-Chill-Balance des Wochenstundenplans. Weil er noch nie richtig Bock auf Unterricht hatte und sich keine aufgebrachten Eltern reinziehen will, heißt seine schlechteste Note »befriedigend«. Und nicht nur mit guten Zensuren ist er großzügig: Wer ihm beim Schieben des Medienwagens hilft, kriegt anschließend 'ne Limo spendiert. Warum sollte man sich das Leben an der Schule schwerer machen, als es sein muss? In Konflikte würde sich der Lasche nie einmischen – in die Verlegenheit kommt er aber auch gar nicht, weil er zur Not auch das Smartphone unterm Tisch toleriert.

So sind beim Laschen eigentlich alle immer ganz zufrieden. Am Ende des Halbjahres lässt er einen echt fairen Multiple-Choice-Test schreiben über ein vorher benanntes Kapitel des Erdkunde-Buches, und schwupp – ist auch die Sache mit der Bewertung geritzt.

Tipp für Schüler: Gern ein paar aussortierte DVDs mitbringen.

Tipp für Eltern: Regen Sie sich nicht auf. Man muss auch gönnen können.

Die Quereinsteigerin
Fächer: *Chemie*

Dass sie wirklich vor 26 Schülerinnen und Schülern steht, darüber wundert sich die Quereinsteigerin auch nach anderthalb Jahren noch. So langsam hat sich der Riesenbammel gelegt, die Blackouts werden weniger, und in manchen Stunden bringt sie fast den ganzen Stoff, den sie sich vorgenommen hat, durch. Inhaltlich ist das alles für die Wissenschaftlerin natürlich Pipifax, dafür sind die anderen Problemchen umso größer: Wie um Himmels willen soll man als Lehrerin fair bleiben, wenn keine Situation der anderen gleicht und immer alles anders kommt, als man denkt? Was soll sie machen, wenn auf ihre Fragen partout keiner antworten will? Wie behält man die Kontrolle über acht Gruppentische mit Bunsenbrennern darauf? Die Quereinsteigerin ist irre tüchtig, perfekt vorbereitet und bringt auch gern eigenes Equipment mit, denn in der Schule funktioniert eigentlich immer irgendwas nicht. Weil sie weiß, dass Chemie nicht zu den beliebtesten Fächern gehört, bemüht sie sich auch in Kittel und Schutzbrille um einen maximal freundschaftlichen Ton. Gern erzählt sie einen Schwank aus ihrem vorherigen Leben als promovierte Molekularbiologin, wie sie an einem Impfstoff forschte, und wünscht sich dabei manchmal still und heimlich die Ruhe eines Labors zurück.

Tipp für Schüler: Die Quereinsteigerin hat mehr erlebt als Schule, Uni, Schule. Das ist ihr großes Plus. Fragt sie einfach.

Tipp für Eltern: Geben Sie positives Feedback. Sie vermisst das sehr.

Die Drama-Queen
Fächer: *Geschichte, Musik, Spanisch, Italienisch*

»Meine Lieben, wenn das so ist, weiß ich Bescheid. Gracias! Das werde ich mir merken!« Wer solche Ausrufe des Öfteren im Klassenraum hört, ist an eine empfindliche und defensive Lehrerpersönlichkeit geraten. Dabei war der Kommentar über schief kopierte Vorlagen wahrscheinlich gar nicht böse gemeint. Vielleicht hat sich auch jemand beklagt, er sei nicht mitgekommen. »Esto no es una crítica!«, rufen dann diejenigen, die wissen, was folgt, wenn diese kampfeslustige Pädagogin mit ihren weit ausladenden Gesten und der Zornesfalte zwischen den Brauen alles mal wieder viel zu persönlich nimmt: Zunächst kündigt die Drama-Queen mit zusammengekniffenem Mund einen »längst ausstehenden« umfassenden Vokabeltest an, dann setzt sie als kleine Sofort-Rache noch immens viele Hausaufgaben obendrauf – und womöglich droht für die ganze nächste Doppelstunde ein Besuch des Sprachlabors. Horror. Doch eigentlich ist die Drama-Queen nur unsicher, was sie mit ihrer aufbrausenden Reaktion zu überspielen versucht. Schade, denn so entdecken Schüler nur selten, wie sie wirklich ist: eine faire Pädagogin, die immer darauf achtet, dass im Unterricht niemand den Anschluss verliert. Ihr persönlicher Auftrag an sich selbst ist, alle bis zum Lernziel zu bringen – deshalb korrigiert sie Klassenarbeiten so präzise und ausführlich, dass sie Monate braucht, um diese zurückzugeben. Dafür sind die Arbeiten immer gerecht benotet, was keine Selbstverständlichkeit im Schulalltag ist. Ihre besten Momente haben diese Lehrpersönlichkeiten gegen Ende der Oberstufen-Kursfahrt, wenn der ganze Stress abfällt.

Tipp für Schüler: Dreimal überlegen, ob die Beschwerde wirklich geäußert werden muss.

Tipp für Eltern: Hier lernen die Kinder nicht nur Geschichte oder romanische Sprachen, sondern auch, dass Lehrer Gefühle haben wie jeder andere Mensch auch.

Der Technik-Freak
Fächer: *Informatik, Mathe, Physik*

Man übersieht diese Lehrkraft leicht, wenn sie durchs Schulgebäude schleicht. Sie will eben nicht auffallen und nach Möglichkeit nicht angesprochen werden. Der Live-Chat von Angesicht zu Angesicht ist nicht so die Sache des Technik-Freaks, er fühlt sich mit Nullen und Einsen, mit physikalischen oder mathematischen Gesetzen wesentlich wohler als mit unberechenbaren, hormonumnebelten Pubertierenden, die ihn oft um 30 Zentimeter überragen. Doch hinter dem Bildschirm blüht dieser Lehrer auf. Mit rührender Hingabe, Frustrationsresistenz und Kreativität verschlimmbessert er unermüdlich das seit Jahren fortlaufende Projekt »Schul-Homepage«, natürlich OpenSource auf Linux, darunter macht er's nicht. Auch die Online-Nachhilfe-Börse von Schülern für Schüler war seine Idee, denn wenn schon nicht alle Lerninhalte online abrufbar sind – was sie seiner Meinung nach natürlich sein sollten –, dann sollte sich das Know-how wenigstens an der Basis von allein verbreiten. Zur Not bietet er auch sich selbst an, auf dem Schülerserver zumindest leuchtet sein grünes Lämpchen rund um die Uhr. Alle vier Wochen legt er eine Nachtschicht für die

Online-Schülerzeitung ein. Dieser Lehrer gehört zu den Guten, was aufgrund seiner Sozialphobie und einem nerdigen Erscheinungsbild leider oft übersehen wird.

Tipp für Schüler: In der Computer-AG gibt's jeden Nachmittag Club-Mate.

Tipps für Eltern: Bloß nicht persönlich auflaufen oder anrufen. Fragen zu Unterricht und Notengebung am besten per Mail oder Messenger stellen, dort werden sie prompt beantwortet.

Beste Lehrkraft der Welt
In jeder Fächervariation möglich

Nein, nett ist dieser Lehrer nicht. Aber souverän. Er beherrscht seine Fachgebiete, sprüht vor Leben und liebt sein Fach so sehr, dass es Schüler ansteckt. Hier weiß jemand wirklich Bescheid und verdient den Respekt, den ihm die Klasse entgegenbringt. Kein Schüler bringt ihn mit einer mittelschlauen Frage gleich aus dem Konzept. Die kommen gern zu ihm in den Unterricht, obwohl dieser Lehrer eben nicht nett ist, nicht so wie die Kumpeligen oder Faulen, die immer Witze reißen und Filme gucken lassen. Die Besten sind sogar eher streng, sie lassen sich nicht auf der Nase herumtanzen. Aber sie sind fair und pflegen zu jedem Schüler unabhängig von dessen Leistungen einen persönlichen Draht, sehen Sorgen und Nöte und helfen auch mal unkonventionell. Manchmal haben sie auch einen miesen Tag, oft sagen sie das dann einfach, die Schüler merken es eh – und nehmen die schlechte Laune hin, denn sie wissen, dass auch Lehrer nur Menschen sind. Dafür, dass die Besten kein Problem damit haben, sich auch mal unbeliebt zu machen, bekommen sie Anerkennung. Doch meistens haben diese Lehrer richtig Lust auf Unterricht. Und Lust, den Schülern beim Weiterkommen zu helfen, auch persönlich. Sie sind engagiert und einfühlsam, lassen sich aber nicht verarschen. Und: Sie bleiben zuversichtlich und selbstbewusst, obwohl sie doch den gleichen Stoff denselben Schülertypen immer wieder unterrichten müssen.

Tipp für Schüler: Ihr habt ein Prachtexemplar erwischt. Behandelt es gut!

Tipp für Eltern: Könnte kurz ein bisschen wehtun, wenn der 16-Jährige lieber auf seinen Lehrer hört als auf seine Eltern. Kommen Sie damit klar.

Der Hobby-Marathoni

Fächer: *Sport, Biologie*

Seine Dienstkleidung kann auf dem Schulhof als Tarnung durchgehen: Der Marathon-erprobte Sportlehrer fällt in seinem Adidas-Trainingsanzug und den Nike-Schuhen unter manchen Jugendlichen kaum auf. Muss er zwischen zwei Sportstunden kurz mal in den Naturwissenschaftstrakt, belässt er es bei diesem Look – warum auch nicht! Schließlich ist er überzeugt, dass körperliche Ertüchtigung jeden Menschen glücklich machen kann. Wer anderer Meinung ist, hat eben seine Sportart noch nicht gefunden. Der mehrfache Marathoni hat so ziemlich alles schon ausprobiert und wechselt je nach Jahreszeit sein Hobby: Im Sommer geht's zum Kiten, im Winter zum Skifahren. Scheint die Sonne, spannt er die Slackline im Park oder fährt spontan zur Beachvolleyball-Anlage. Bei schlechterem Wetter findet man ihn auch beim Squash, Yoga oder Bouldern. Gejoggt wird natürlich ganzjährig. Seine vielen Interessen lassen dem Marathoni allerdings wenig Zeit, das pädagogische Konzept für seinen Bio-Unterricht zu planen, aber das ist ihm ohnehin nicht so wichtig: Er hält sich einfach an das Material, das die Schulbuchverlage vorschlagen. Wandertage und Klassenreisen sind hingegen total sein Ding. So ausdauernd wie seine Körperkondition ist übrigens auch seine gute Laune, weshalb Schüler seinen halbherzigen Larifari-Unterricht dann doch ganz gern besuchen. Die Kollegen allerdings sind genervt bis neidisch ob seiner vielen Freizeit und lästern in stressigen Klausurphasen gern mal über den Laisser-faire-Sportler mit den leichten Fächern. Das kümmert ihn natürlich überhaupt nicht.

Tipp für Schüler: Fragt mal unauffällig, wo er die Slackline spannt. Nichts peinlicher, als abends beim Bierchen im Park den Biolehrer zu treffen.

Tipp für Eltern: Lassen Sie sich nicht beim Rauchen erwischen. Es würde ein sehr, sehr langer Vortrag folgen.

Die Harmlose
Fächer: *Deutsch, Religion, Darstellendes Spiel, Kunst*

Fachlich ist sie keine Koryphäe, ihr Unterricht ist nicht sonderlich effizient, und doch bereichert die Harmlose den Schulalltag ungemein. Denn sie ist der psychologische Kitt zwischen den kantigen Kollegen und den genervten Schülern. Sie ist wohlwollend, herzlich und etwas chaotisch, kann sich aber Namen und Gesichter wunderbar merken, denn sie hat den Lehrerberuf gewählt, weil sie Menschen mag. Diese fröhliche Pädagogin meistert mit ihren stählernen Nerven patent alle Überraschungen, wenn etwa im Brennofen die Hälfte der mühselig getöpferten Schildkröten zerplatzt. Und wenn der Schlüssel beim Herunterlassen der Jalousien klemmt und im Klassenraum die schwarze Dunkelheit zur totalen Partystimmung führt, lachen die Harmlosen einfach mit. Wird es zu

unruhig in der Klasse, holen freundliche Lehrkräfte wie sie den CD-Player und verordnen kollektiv eine »Progressive Muskelrelaxation nach Jacobson«. Die Harmlosen feiern gern Geburtstage, auch ihren eigenen (mit einer Runde Schoko-croissants für alle). Sie verkleiden sich an Fasching als Senf-tube, melden sich freiwillig für die Organisation des Sommer-festes und präsentieren dort dann für ihre Klasse einen Stand mit Farbbeutel-Katapulten. Diese Lehrer machen Schulen zu fröhlichen Orten, die Kinder jeden Tag wieder gern besuchen.
Tipp für Schüler: Ihr braucht keine Tipps, diese Lehrer sind zum Glück so umgänglich, dass jeder mit ihnen klar-kommt. Freut euch einfach, dass es sie gibt.
Tipp für Eltern: siehe oben.

Der Ausgebrannte
Fächer: *Mathematik, Physik*

Zu Beginn jeder Stunde sehnt er sich nach der nächsten Pau-se. »Ich weiß ja, dass euch das nicht interessiert, aber der Lehrplan schreibt das nun mal vor. Bringen wir's hinter uns.« Dann spult der Ausgebrannte emotionslos sein seit Jahren unverändertes Programm ab. Fragen dürfen gestellt werden, doch der resignierte Pädagoge – noch knapp fünf Jahre bis zur Pensionierung – beantwortet Fragen nur, wenn sie nicht zu weit führen. Längst glaubt er nicht mehr an die naive Idee, dass jedes Kind lernen will. Eigentlich hat er diesen Satz, den die jungen Kollegen von der Uni mitbringen, schon immer als Humbug empfunden. Es gibt seiner Meinung nach einfach zu viele beschränkte Wirrköpfe und verwöhnte Girlies unter den Schülern. Also gilt es, diesen zumindest die Grundpfeiler der Mathematik stur und autoritär einzuflößen. Gegen einen solchen Unwillen hilft auch ein Smartboard nicht, Innovationen kann man also getrost weglassen. Freitagabends genehmigt er sich gern ein Gläschen Whiskey, wenn er in seinen Bis-zum-letzten-Schultag-Kalender einen korrekturroten Strich für eine weitere bewältigte Woche zieht. Das Tragische ist, dass sich sein Frust selbst nährt: Seine passive Aggressivität bringt ihm null Sympathien ein, die Schüler verlieren die Lust an seinem Fach, was seine Verachtung ihnen gegenüber noch größer werden lässt.

Tipp für Schüler: Der einzige Trost: Das Leben muss nicht so traurig enden, wie es hier scheint. Haltet einfach durch.

Tipp für Eltern: Der Ausgebrannte unterrichtet so, wie Sie es von früher kennen. Haben Sie Mitleid mit Ihrem Kind.

Das PR-Talent

Fächer: *Englisch, Französisch, Deutsch*

Sie denken vielleicht, jeder Lehrer höre sich gern reden. Das gilt bei Weitem nicht für alle, auch wenn der Monolog für diesen Beruf essenziell sein mag. Es gibt allerdings Päda-gogen, deren verbalem Talent sich keiner entziehen kann. Sie sind äußerst gesprächig, schweifen oft gekonnt ab und sind omnipräsent in allen Diskussionen. Diese Kommuni-kationsprofis scheinen sich mit allen Themen auszukennen und scheuen sich auch nicht, mit der Austauschlehrerin aus Straßburg eine offene Diskussionen auf Französisch im Leh-rerzimmer anzuzetteln, wofür sie von jenen Kollegen gehasst werden, die in ihren Fremdsprachen nie übers Schulniveau hinausgekommen sind. Die PR-Talente melden sich, so oft es geht, für Fortbildungen oder Kongresse an und knüpfen dort in unzähligen Small Talks Kontakte, die sie im Schul-alltag nie wieder brauchen. Ihre Erfahrungen geben sie gern weiter, indem sie Seminarleiter für Referendare werden. Im Vorbereitungsdienst quasseln sie die angehenden Kollegen unangreifbar supersympathisch, aber wirkungsvoll kompe-tent an die Wand, was diese ziemlich verunsichern kann. Ei-nige dieser gesprächigen Selbstdarsteller werden vom Rektor auch immer dann vorgeschickt, wenn die lokale Presse oder das Fernsehen eine Stimme aus dem Schulbetrieb sucht. Sie ahnen es schon: Viel Zeit zum Unterrichten haben die PR-Profis leider nicht. Sie sind halt einfach sehr beschäftigt.

Tipp für Schüler: Diese Lehrkraft hat viel zu tun – aller-dings nicht mit euch. Bereitet euch auf eine Menge Vertre-tungsstunden vor.

Tipp für Eltern: Sie sind genervt, weil sich die PR-Profis ständig vertreten lassen? Sie können ja mal versuchen, einen Termin zu ergattern. Viel Glück!

So, nun kennen Sie die wichtigsten Lehrertypen. In welche Kategorie die Kolleginnen und Kollegen aus dem nächsten Kapitel einzusortieren wären, können Sie sich aussuchen. Was diese Lehrkräfte jedenfalls verbindet: Sie tun **eklige** Dinge während des Unterrichts und lassen sich so richtig gehen. Oft ist das einfach nur bäh.

Eklig:
»Unser Lehrer hat sich im Unterricht die Zehennägel geschnitten«

Was in der Kita Pipi-Kacka ist, sind in Klassenzimmern Spucke und Schweiß. Allerdings: nicht nur die der Schüler. Es gibt Lehrer, die sich im Unterricht verhalten, als wären sie zu Hause in ihrem Badezimmer. Da wird Schleim hochgewürgt, an den Zehen gepult und das Gebiss rausgenommen. Warum? Wir wissen es doch auch nicht. Ein Lehrer gab immerhin zu, dass er seine frechen Schüler damit aufrütteln wollte, nach dem Motto: Wie ihr mir, so ich euch.

Dass es kein sinnliches Vergnügen ist, einen Klassenraum mit Achtklässlern zu betreten, von denen einige nur selten duschen, andere ihre T-Shirts dreimal in Folge anziehen und alle vergessen zu lüften, ist klar. Pubertät stinkt nun mal. Aber wenigstens geht das vorbei; und irgendwann haben alle verstanden, dass Deos und Waschmaschinen gute Erfindungen sind.

Und: Die Jugendlichen machen sich auch häufig gegenseitig auf mangelnde Hygiene aufmerksam. Auch wenn das nicht immer charmant ist, wirkt die soziale Kontrolle da meist. Doch wer sagt's dem Lehrer?

Spucke, Schweiß und Füße: Wenn Lehrer sich gehen lassen

Schüler sind der hemmungslosen Körperlichkeit ihrer Lehrkräfte manchmal arg ausgesetzt. Kaum vorstellbar, dass die sich im Lehrerzimmer auch so benehmen.

Spuckeimer
»Unser Biologielehrer war ein schlaksiger, etwas ungepflegter Mann mit Vollbart. Er hatte die Angewohnheit, stets laut hörbar den Rachenschleim hochzuwürgen, um diesen dann in das Waschbecken im Biologie-Raum zu speien.«

Der ehemalige Schüler, der uns davon berichtete, ergänzte noch: Während der Abiturfeier sollte er ebenjenen Lehrer beim Schüler-Kabarett imitieren. Dafür sei ihm eine große Wäschewanne zum Reinspucken hingestellt worden. Er habe ihn sehr authentisch nachgemacht.

Riesige Spuckfäden

»Einer unserer Physiklehrer nutzte gern den Overhead-projektor mit Folien, auf die er mit abwaschbaren Folien-stiften schrieb und zeichnete. Wenn er etwas korrigierte, spuckte er zunächst auf die Folie, um damit dann das Geschriebene wegzuwischen – und wir sahen seine Spucke vergrößert an der Wand.«

Riesige Warze

»Zwischen ihren beiden oberen Schneidezähnen hatte unsere Biologielehrerin eine derart große Lücke, dass gut noch ein Zahn dazwischengepasst hätte. Wenn sie aufge-regt oder wütend war, schob sie immer eine riesige Warze auf ihrer Zunge durch jene Lücke. Keiner von uns konnte sich dann noch auf den Unterricht konzentrieren. Lachte ein Kind darüber, musste es samt Elternteil zur Strafpredigt bei ihr antanzen.«

Dicker Schädel

»Unsere Lateinlehrerin, vom Erscheinungsbild her eine Walküre, trank zu viel Alkohol und kam häufig schwer ver-katert in den Unterricht. Eines Morgens schleppte sie sich zum Lehrerpult, bat uns, einen Abschnitt des Gallischen Krieges schriftlich und ruhig zu übersetzen, legte den Kopf aufs Pult und schlief. Gegen Ende der Stunde wankte sie zum Waschbecken, kotzte hinein, bedankte sich für unser ruhiges Verhalten und ging raus.«

Offensichtlich brauchte diese Lehrerin dringend Hilfe. Immer noch scheinen Kollegien und Schulleitungen zu häufig zu lange wegzuschauen.

Haftcreme könnte Abhilfe schaffen

»Unser Musiklehrer und Chorleiter spielte an seinem Flügel ausschließlich ohne sein Gebiss – er legte es vorher vor sich auf dem Flügel ab.«

Wo gehobelt wird

»Unser Musiklehrer am Gymnasium wischte sich beim Klavierspielen immer mit einem Taschentuch den Schweiß unter den Achseln ab. Dann knöpfte er sein Hemd auf und spielte mit dem Tuch unter den Armen weiter.«

Leise rieselt die Schuppe

»Unser Englischlehrer litt an Schuppenflechte und kratzte sich während des Unterrichts an Kopf und Gesicht, wo es ihn gerade juckte. Gegen Ende der Stunde wischte er die auf seinem Pult liegenden Hautschuppen feinsäuberlich zusammen, schob alles in ein Taschentuch und steckte das Päckchen in seine Hosentasche.«

Beim nächsten Thema gibt es nur zwei Möglichkeiten: Entweder man gehört zur Fraktion, die Füße grundsätzlich okay findet und auch kein Problem damit hat, wenn andere diese unbekleidet zur Schau stellen. Oder man findet Füße grundsätzlich eher eklig, vor allem die der anderen – und noch mehr, wenn sie nackt sind. Unsere Vermutung: Die meisten Menschen gehören zur zweiten Gruppe. Und folgende Konfrontationstherapien machen eine solche Abneigung eher noch schlimmer.

Peeling

»Die Böden unserer Klassenräume in der Oberstufe waren mit einem ziemlich harten Nadelfilz ausgelegt. Unser Physiklehrer, der zu jeder Jahreszeit Birkenstock-Sandalen ohne Socken trug, zog, sobald er an seinem Tisch saß, die Sandalen aus und schubberte dann, quasi als Pediküre, genüsslich seine Fußsohlen über den Nadelfilz. Natürlich hinterließ er dabei entsprechende Spuren auf dem Boden. Seitdem ist das Thema Birkenstock für mich einfach komplett durch.«

Fußpflege

»Wir hatten einen Mathelehrer, der, sobald es warm genug war, gern Sandalen trug. Während der Stunde setzte er sich regelmäßig auf einen Stuhl neben der Tafel, zog seine Schuhe aus und pulte beim Reden an und zwischen seinen Zehen herum.«

Nagelpflege

»Wir waren eine Lerngruppe, die hauptsächlich aus Jungs bestand. Unser Lehrer hatte viel Mühe damit, uns im Zaum zu halten – wir waren laut, tobten im Unterricht herum, standen zwischendurch auf, um hinauszugehen, und so weiter. Einmal sagte er zu uns: ›Ihr könnt hier doch nicht einfach tun, was ihr wollt!‹ Wir antworteten frech: ›Doch, wir tun, was wir wollen.‹ Eines Tages kam unser Lehrer in den Unterricht, schaute sich das Treiben kurz an und setzte sich an sein Pult. Wir beachteten ihn wie üblich nicht weiter – bis er sich plötzlich die Schuhe und Socken auszog. Er legte einen nackten Fuß auf das Pult und begann, sich die Zehennägel zu schneiden. Wir waren natürlich erstaunt, geschockt und angeekelt zugleich, denn der etwas ältere Herr hatte nicht unbedingt die schönsten Füße und Zehen. Einer von uns stammelte schließlich: ›Was machen Sie denn da? Das können Sie doch nicht einfach so vor uns hier machen!‹ Er nur lapidar: ›Doch. Wenn ihr immer macht, was ihr wollt, dann tue ich das auch. Und ich will mir jetzt die Zehennägel schneiden.‹«

Bäh-Aktionen: Unterricht mit Ekel-Faktor

Lernen funktioniert am besten, wenn sich Schüler den Stoff vorstellen können. Wenn er anschaulich vermittelt wird. Im besten Fall können sie ihn riechen, schmecken, fühlen. Das gilt um Himmels willen aber doch nicht für den Lehrer!

Ist was?

»In der siebten Klasse ließ ein Schüler im Physikunterricht ein paar Stinkbomben los. Unser Lehrer schloss ungerührt das Fenster und entließ die ganze Klasse – bis auf den Übeltäter. ›Wenn du denkst, dass mir das etwas ausmacht, hast du dich geirrt. Ich bin solche Gerüche gewöhnt‹, erklärte er ihm und ließ ihn bei Gestank und geschlossenem Fenster zwei Stunden nachsitzen.«

Sadismus im Klassenzimmer

»In der Mittelstufe hatten wir einen Lehrer, der offenbar Spaß daran hatte, Schüler zu demütigen und einzuschüchtern. Um am ersten Tag nach den Ferien oder in Vertretungsstunden einen möglichst angsteinflößenden ersten Eindruck zu hinterlassen, hatte er sich folgendes Ritual ausgedacht: Er legte sein durchnässtes Taschentuch, das er kurz zuvor vor den Augen der Klasse benutzt hatte, auf den Tisch eines beliebigen Schülers und forderte denjenigen dann auf, das Taschentuch in den Mülleimer zu werfen.«

Er habe nie erlebt, fügte der Einsender noch hinzu, »dass sich ein Mitschüler gewehrt hätte«. Die Eltern haben sich offenbar auch nicht beschwert. Andere Lehrer dienen ihren Schülern kuriose Mahlzeiten an:

Rostkur

»Unser Klassenlehrer in der Mittelstufe unterrichtete Bio und Erdkunde. Er war ein richtiger Öko-Freak und später auch Kreisvorsitzender bei den Grünen. Oft erschien er in Gummistiefeln, ansonsten trug er Birkenstock-Latschen, denn sein Lieblingssatz war: ›Es gibt kein schlechtes Wetter, nur schlechte Kleidung.‹ Seine Vorstellung eines Schulausflugs war ein Spaziergang, auf dem wir schleimigen Kröten bei der Überquerung von Straßen helfen sollten, damit sie nicht überfahren würden. Wenn einer von uns im Unterricht müde war, führte er das auf Eisenmangel zurück und empfahl, ein paar rostige Nägel in einen Apfel zu stecken und diesen ein paar Tage später zu essen. Das würde uns schon wieder fit machen. Den Rat hat natürlich nie jemand befolgt.«

Probiert doch mal!

»Unsere Religionslehrerin hat während des Unterrichts ständig geröstete Heuschrecken und andere Insekten gegessen. Sie bot uns diese auch immer wieder an, wir lehnten jedoch dankend ab.«

Schädlingsbekämpfung

»Das Steckenpferd unseres Biologielehrers waren Parasiten. Und es machte ihm offenbar großen Spaß, damit bei uns Siebtklässlern Ekel hervorzurufen – zum Beispiel mit dem Einmachglas voller Spulwürmer, das er gern rausholte. Genauso freute er sich an unserem Schrecken, wenn er stark vergrößerte Aufnahmen von allerlei Bettwanzen, Zecken oder ähnlichem Getier an die Wand projizieren konnte.«

Die nächste Anekdote klingt ebenfalls so, als ob sie auch bei einer schrecklich netten Familienfeier hätte passieren können. Hauptdarsteller: Der schräge Onkel, vor dem die Kinder zwar auch etwas Angst haben, der aber immerhin als Einziger für ein paar Lacher und lustige Erinnerungen sorgt. Und das sogar auf eigene Kosten.

Gnihihi

»Einer unserer Lehrer war ein alter, kriegsversehrter Veteran mit Glasauge. Weil er Kettenraucher war, hatte er die Sondererlaubnis, während des Unterrichts auf dem Flur zu rauchen. Er hat das auch während der Klassenarbeiten augenzwinkernd gemacht, sodass wir spicken konnten. Folgende Anekdote über ihn wurde unter den Schülern überliefert: Er behauptete vor einer Klasse, dass er sich auf sein linkes Auge beißen könne, und erbrachte den Beweis, indem er sein Glasauge rausnahm und darauf biss. Dann setzte er noch einen drauf und behauptete dasselbe für sein rechtes Auge. Als die Schüler das nicht glaubten, holte er sein Gebiss aus dem Mund und schnappte damit nach dem gesunden Auge.«

Freak

»Wir hatten einen Lehrer, der nicht nur sehr ängstlich war.
Er wickelte sich außerdem in der kalten Jahreszeit eine
lange Unterhose als Schal um den Hals.«

Bei diesem Lehrer sei sie, so erzählte die ehemalige Schülerin, »eher aus Mitleid ›brav‹ gewesen«. Kommen wir nun
zu peinlichen Situationen, für die die Lehrkräfte allerdings
zur Abwechslung mal nichts können. Manchmal passieren
einfach **Pannen**, meistens mit der Technik, manchmal auch
mit der eigenen Balance.

Pech und Pannen:
Wenn es im Video-Call plötzlich anfängt zu stöhnen

Darf man über Missgeschicke anderer lachen? Wir finden, man darf. Denn es erleichtert doch zu sehen, dass jedem Menschen mal peinliche Pannen unterlaufen. Wer ist nicht selbst schon mal Slapstick-reif über die eigenen Füße gestolpert? Hat aus Versehen etwas zerstört oder eine Nachricht an den falschen Empfänger verschickt? Das passiert. Pech.

Beliebter Anlass für Lachflashs von Schülern sind natürlich Fauxpas ihrer Lehrer. Schon aufgrund des sozialen Gefälles ist für sie alles, was vorn an der Tafel schiefläuft, megawitzig. Mehrfach berichteten unsere Leser über technische Geräte, mit denen ihre Lehrer legendär auf Kriegsfuß standen. Ein bisschen Unwillen können wir durchaus nachvollziehen: Wer wird schon Pädagoge, weil er sich gern mit Büromaschinen oder Computern befasst? Um die Kinder geht es doch oder wenigstens ums Interesse am Fach.

Kein Wunder also, dass bei der ungeliebten Technikfrickelei öfter mal der Wurm drin ist. Da »streikt« dann wieder der Projektor oder im Videorekorder steckt das falsche Medium. Und das sind lediglich die Fallstricke der analogen Welt. Denn dann kamen ja noch die Computer hinzu und das Internet und die Smartboards, die den Lehreralltag zwar leichter, aber auch anfälliger machen. Dinge können theoretisch sehr schnell erledigt werden – aber auch im Nullkommanichts zum Desaster mutieren. Ein Klick reicht schließlich schon zum Löschen.

Und als wäre das nicht schon kompliziert genug, brachte das Jahr 2020 eine Coronavirus-Pandemie, und plötzlich musste alles ganz schnell gehen mit der Digitalisierung, die bis dahin, nun ja, in den allermeisten Fällen noch im Planungsstadium steckte. Von einem Tag auf den anderen sollten Lehrer Clouds ansteuern, Videokonferenzen mit 27 Schülern organisieren oder QR-Codes für Lernplattformen verteilen. Das nötige Wissen für einen Remote-Unterricht im Lockdown mussten sich die Lehrer selbst erarbeiten. Welche Technik überhaupt geeignet ist, um zu unterrichten, stellte sich erst während der Benutzung heraus. Viele Lehrer versuchten es zunächst per E-Mail und schickten Dutzende Mails mit Anhängen, die mal funktionierten, mal nicht, mal verständlich waren, mal völlig kryptisch. »Ich brauchte einen ganzen Tag, um das E-Mail-Chaos meines Elfjährigen überhaupt zu sortieren«, berichtete ein IT-Spezialist aus Bayern.

»Es gab viele Links zu YouTube-Videos, die mein Sohn auf seinem von mir altersgerecht eingerichteten PC-Konto nicht ansehen durfte, da YouTube voraussetzt, dass seine Nutzer mindestens 16 Jahre alt sind.« Zudem seien Links verschickt worden, die auf Inhalte anderer Schulplattformen führten, die wiederum ein Login erforderten, das aber nicht verteilt worden war. »Das hat der Lehrer wohl nicht bemerkt«, so der Vater. Und beklagte, dass ja schließlich nicht jeder einen IT-Fachmann zu Hause habe, um digitalen Unterricht möglich zu machen.

»Wer kichert, kriegt Riesenärger«

Auch wenn das sehr weit weg erscheint: Schon vor Corona-Heimunterricht gab es Pleiten, Pech und Pannen an den Schulen. Lesen Sie zunächst von den analogen Tücken des Lehreralltags und im zweiten Teil dieses Kapitels vom Fluch der modernen Technik.

Und, was trägt dein Mathelehrer so drunter?
»Wir hatten einen jungen Referendar in Mathematik. Eines Tages riss ihm, zu Beginn der Stunde, beim Absetzen des Diaprojektors die Hose genau am Hintern. Er meinte nur: ›Leute, mir ist gerade die Hose gerissen‹, und unterrichtete ansonsten ungerührt weiter. Während der gesamten Stunde lief er wie gewohnt durchs Klassenzimmer, sodass wir alle einen Blick auf seine Unterhose unter dem herabhängenden Stofffetzen erhaschen konnten.«

Mit Schwung über die Grenze

»Unser Geschichtslehrer war ein toller und engagierter Lehrer, der uns sehr positiv prägte. Als das Thema Völkerwanderung dran war, zeigte er uns mit ganzem Körpereinsatz, wie es ist, von hinten vorangeschoben zu werden – und zwar bis zur ersten Tischreihe, die er sich als Landesgrenze vorstellte. Er hatte allerdings ein Holzbein und verlor bei seiner Pantomime die Balance, stolperte über die erste Tischreihe, fiel hinüber und rutschte unter die dahinterstehenden Tische. Wir Schüler waren starr vor Schreck und wussten nicht, wie wir helfen sollten. Dieses abtauchende U-Boot mit trotzig emporgerecktem Holzbein werde ich nie vergessen.«

Hauptsache, das spricht sich nicht rum

»Unser Mathelehrer war bekannt für seine cholerischen Anfälle. Eines Tages fuhr er mit seinem Drehstuhl rückwärts durch die Reihen, blieb mit einer Rolle an einem Schulranzengurt hängen und kippte nach hinten um. Totenstille in der Klasse – jeder wusste: Wer auch nur kichert, kriegt Riesenärger. Ausgerechnet in diesem Moment entfuhr dem Lehrer ein Lüftchen. Uns platzte fast der Kopf vor unterdrücktem Lachen, bis der Mathelehrer selbst lauthals anfing zu lachen. Er verkündete, dass jeder eine Sechs bekomme, der den Vorfall weitererzähle, und entließ uns in die Pause.«

Da lacht das Schülerherz vor Schadenfreude! Kinder können so gemein sein. Einige geben ja sogar zu, dass sie Lehrkräfte gern mit Absicht triezen würden. Umso besser, wenn Lehrer dann auch solche Situationen souverän meistern.

Entrée en scène 1

»Der neue Französischreferendar sollte seine erste Unterrichtsstunde in unserer Klasse geben. Wir warteten gespannt und überlegten schon, wie wir ihm das Leben schwer machen könnten. Dann kam er um die Ecke, stolperte vor Aufregung durch die Tür und fiel der Länge nach hinter das Pult. Totenstille! Noch bevor das zu erwartende Gegröle losging, stand er auf, stellte sich gerade hin und rief: ›Voilà!‹ Damit hatte er uns – wir waren begeistert.«

Entrée en scène 2

»Als in der siebten Klasse an der Realschule der Vertretungslehrer nicht erschien, war bei uns im Klassenzimmer natürlich Radau. Plötzlich stürmte der stellvertretende Schulleiter in die Klasse, schrie ›Ruhe!‹ und haute mit geballter Faust aufs Pult, das daraufhin zerbarst. Beim Rausgehen schlug er so heftig die Tür zu, dass der Türgriff abfiel.«

Sie kennen vielleicht noch den Ausdruck Medienwagen, dieses fahrbare Regal, mit dessen Hilfe ein Fernseher und ein Videorekorder – später auch DVD-Player – durchs Schulgebäude geschoben wurden. Diese Geräte wollten nie so, wie die Lehrkraft will. Genauso wie Projektoren. Und der Kassettenrekorder. Verdammt!

Out of Order

»In seiner Prüfung zum zweiten Staatsexamen versuchte ein Referendar, mit damals innovativen Unterrichtsmethoden zu glänzen. Er wollte einen Super-8-Film zeigen, bekam aber kein Bild auf die Leinwand. Schließlich erklärte er, dass wohl leider der Projektor defekt sei. Aber von wegen: Er stand nur falsch herum, das Bild wurde die ganze Zeit hinter seinem Rücken an die Wand geworfen.«

Okay, Super-8, das war einmal. Aber Bilder auf eine Leinwand zu werfen ist bis heute nicht so einfach. Eines der legendärsten Arbeitsgeräte in Schulen ist der Overhead-Projektor. Ja, den gibt es immer noch, obwohl er längst mal in Rente gehen sollte. Dazu Lehrer, die sich auf der Folie verschreiben und das dann mal eben mit Spucke wieder wegwischen, lecker. Viele der Geräte haben jahrzehntelang Wissen in Schülerhirne geleuchtet, arbeiten aber mittlerweile sehr unzuverlässig. Das nervt so sehr, dass Lehrer auch mal ausfallend werden, berichtete eine Neuntklässlerin aus einem Gymnasium:

»Unsere Biologielehrerin wollte etwas auf dem Overhead-Projektor zeigen. Da aber alle Geräte an unserer Schule sehr alt waren, funktionierte keines mehr hundertprozentig. Dieser ging zum Beispiel alle zwei Minuten aus:

Lehrerin: ›Hier haben wir wohl einen Teilzeitmitarbeiter.‹
Schüler: ›Fauler Sack.‹
Lehrerin: ›Ja. So wie du.‹«

Hoffen wir, dass die Beleidigung mit einem Augenzwinkern entkräftet wurde. Sie zeigt aber, wie blank die Nerven liegen, wenn wieder einmal das Equipment streikt.

Deutsche Sprache, schwierig

»Mein Religionslehrer in der achten Klasse hat in den 1980er-Jahren verzweifelt auf dem Kassettenrekorder die Taste ›Play‹ gesucht. Erst der Hinweis eines Mitschülers, dass es sich um ein deutsches Gerät handele, hat ihn die Taste ›Start‹ finden lassen.«

Das Runde bitte nicht ins Eckige

»In meiner Schule hatte ich mich zum Mediendienst gemeldet – war also zuständig für den Fernsehwagen. Eines Tages holte mich eine neue Lehrerin aus dem Unterricht in ihre Klasse. Sie bekam den Fernseher nicht zum Laufen. Das Problem war schnell geklärt: Sie hatte versucht, im Videorekorder eine DVD abzuspielen.«

Wenn es zischt und knallt und blitzt

Hübsche kleine Unfälle ereignen sich offenbar auch öfter im Chemieunterricht. Kein Wunder, denn praktische Experimente bergen ja stets ein Risiko. Brom scheint da ein besonders anfälliges Element zu sein:

Zum Heulen

»Unser Chemielehrer im Leistungskurs wollte uns zeigen, dass die Reaktion von elementarem Brom mit Aceton keine radikalische Reaktion ist, sich das Brom aber gut löst. Er gab beides in ein Reagenzglas und hielt es am Fenster in die Sonne. Möglicherweise war es keine radikalische Reaktion, aber es machte POFFFF, und das war's dann mit der Unterrichtsstunde. Bromaceton ist nämlich ein prima Tränengas.«

Kleiner Spritzer, große Wirkung

»Einen Großeinsatz der Feuerwehr in unserer Waldorfschule hat mal unser Chemielehrer ausgelöst. Er hatte ein Gefäß mit Brom etwas zu heftig auf den Tisch gestellt, sodass ein paar kleine Spritzer auf den Tisch gerieten. Weil Brom sehr giftige Dämpfe entwickelt, wurde sofort das

gesamte Gebäude evakuiert. Es rückten Dutzende Feuer-
wehrfahrzeuge an, und im Untergeschoss der Schule wurde
die Luft abgesaugt.«

Hauptgewinn! Kleiner Wackler in Chemie, prompt den Rest
des Tages schulfrei – wer hat nicht schon mal davon ge-
träumt? Man ahnt, warum Brom heutzutage nur noch selten
an Schulen genutzt wird. Aber auch in den theorielastigeren
Fächern sorgen kleine Patzer für Heiterkeit:

Geisterschüler

»Unser Lehrer war extrem kurzsichtig. Einmal unterhielt er
sich fünf Minuten mit einer Schülerin und wunderte sich,
dass sie so beharrlich schwieg. Als die Klasse ihn dann
endlich erlöste und rief: ›Die ist doch heute gar nicht da‹,
murmelte er nur: ›Ach, hab ich's mir doch gedacht.‹«

Selbstüberschätzung

»Zehnte Klasse, Mathematik: Unser Lehrer schrieb unend-
lich lange Äquivalenzumformungen an die Tafel. Plötzlich
stockte er, schaute rätselnd auf sein Formelwerk, rieb sich
das Kinn, drehte sich um und sagte in seinem rheinischen
Tonfall zur Klasse: ›Isch dachte, isch könnt datt‹ – und
wischte alles wieder weg.«

Völlig unter Strom

»Im Physik-Leistungskurs wollte unser Lehrer uns demonstrieren, dass sich gleichartige Ladungen abstoßen. Dazu

stellte er sich auf eine Styroporplatte, legte seine Hand auf einen Bandgenerator und schaltete ihn ein. Er wurde dadurch elektrisch aufgeladen, bis seine langen roten Haare in alle Richtungen vom Kopf abstanden. Experiment gelungen! Um sich wieder zu entladen, stieg er von der isolierenden Platte und fasste den Wasserhahn an. Es blitzte kurz auf, und er bekam einen so heftigen Schlag, dass er für den Rest der Stunde nicht mehr in der Lage war, vernünftigen Unterricht zu halten.«

Nicht jedes Versehen läuft so glimpflich ab. Manchmal hat ein Versehen auch weitreichende Folgen. Den Schülern des Abschlussjahrgangs 2012 einer Waldorfschule in Nordrhein-Westfalen wird ihre letzte Prüfung in Deutsch wohl als Albtraum in Erinnerung bleiben:

Pflicht oder Wahrheit

»Der Lehrer hatte das landesweit als Pflichtlektüre vorgeschriebene Buch ›Die Physiker‹ von Friedrich Dürrenmatt vergessen zu behandeln; gerade dieses Buch war aber Thema der Prüfung. Alle Abiturienten brachen die Klausur ab. Später wurde entschieden, dass diese Klausur wiederholt werden durfte.«

Und in Niedersachsen mussten im Jahr 2015 gar zwei Schüler aufgrund eines Rechenfehlers eine Jahrgangsstufe wiederholen – ein Versehen, das die jungen Menschen ein Jahr ihres Lebens kostete. Ooopsi!

Zeitverschwendung

»Um zur gymnasialen Oberstufe und damit auch zum
Abitur zugelassen zu werden, benötigen Schüler einen
gewissen Notenschnitt nach der zehnten Klasse, den
Sekundarstufe-I-Abschluss. Als zwei Schüler einer
Gesamtschule, die die zehnte Klasse wiederholen mussten, nun den Abschluss schafften, stellte sich heraus,
dass sie ihn eigentlich schon im Jahr zuvor geschafft hatten. Die Schulleitung hatte sich schlicht bei der Berechnung der Abschlussnoten geirrt.«

»Ich nehme die Firewall mit dem Fuchs«

Es ist aber auch zum Mäusemelken mit dieser ganzen
Rechnerei und Technik. Zur Verteidigung der Lehrerzunft
muss man sagen, dass in Deutschland viele Schulen extrem
schlecht ausgestattet sind. Ein einziges Smartboard für eine
ganze Schule ist keine Seltenheit, und in vielen Computer-
räumen rattern völlig veraltete Betriebssysteme, die die zu-
ständige Behörde aber nicht updaten lässt. »Ein Ausbau auf
Glasfasernetz wird jährlich beantragt und vom Träger jedes
Jahr abgelehnt«, berichtete ein Lehrer, »und statt eines IT-
Supports kümmern sich drei Lehrer in ihrer Freizeit um die

Rechner.« Er könne an seiner Schule nicht mal mit allen Computern gleichzeitig ins Internet. Das sind natürlich widrige Umstände. Lustig sind sie trotzdem.

Firewall oder Firefox?

»In einer Dienstbesprechung mahnte der Schulleiter alle Kolleginnen und Kollegen an, bei der Nutzung privater PCs für schulische Belange auf eine aktive Firewall zu achten. Eine Kollegin rief in die Runde: ›Ist doch klar: Diesen Firewall mit dem Fuchs, den nutze ich selbstverständlich und schon lange!‹ Sie meinte damit jedoch den Browser Firefox.«

Welche Technik überhaupt geeignet ist, um zu unterrichten, stellte sich vor allem während des Corona-Lockdowns manchmal erst während der Benutzung heraus:

FSK 18

»An einer Berufsschule in der Schweiz verteilte eine Lehrkraft per WhatsApp einen Link und das dazugehörige Passwort für ein anstehendes Zoom-Videomeeting. Als die Lehrerin während des Meetings ein Dokument in die Kamera halten wollte, hörte die Klasse plötzlich lautes Stöhnen und bekam einen Porno eingeblendet. Ein unbekannter Teilnehmer hatte sich den Zugang besorgt.«

Selbstverständlich gab es auch schon vor Corona Passwort-Pannen. Das finden Schüler übrigens nicht unbedingt schlimm. Die gewieften unter ihnen wissen diese *Leaks* sogar für sich auszunutzen:

Besser als spicken

»Nach einem Software-Update an einer Berufsschule waren plötzlich alle persönlichen Daten für Schüler sichtbar, inklusive der Passwörter der angemeldeten Lehrer. Vom Nebenraum konnten die Schüler so nachträglich die Lösungen ihrer am Computer geschriebenen Klausuren ändern – ob das die Lehrer nachvollziehen konnten, blieb unklar. Die nächste Klausur im IT-Kurs wurde übrigens wieder auf Papier geschrieben.«

Es ist zum Haareraufen mit dieser Technik! Zumal die manchmal mangelhafte Ausstattung der Schulen wenig Spielraum für Innovationen lässt. Man kann verstehen, wenn der eine oder andere irgendwann resigniert und die Lust verliert am Lehrberuf. Wie das dann aussieht, lesen Sie im nächsten Kapitel: Wenn Pädagogen einfach **null Bock** haben.

Null-Bock-Lehrer:
»Wollt ihr Klassenarbeiten oder einfach eine 2 für jeden?«

Kürzlich in Hamburg-Eimsbüttel auf der Straße. Ein Junge, vielleicht acht Jahre alt, fragt seine Mutter: »Wenn man als Lehrer schlecht ist, wird man dann gefeuert?« Gute Frage. Was in der freien Wirtschaft normal ist, gilt bei Lehrern, die auf Lebenszeit verbeamtet sind, nicht. Sie müssen schon schwerwiegende Vergehen begehen, die dann straf- und dienstrechtliche Folgen nach sich ziehen; dazu zählen zum Beispiel sexuelle Übergriffe, die grobe Verletzung der Aufsichtspflicht – aber auch dreistes Schwänzen.

Wer jedoch einfach nur schlechten Unterricht macht, weil er faul ist, der muss zunächst nicht viel befürchten. Häufig ist es ja auch schwierig, Bequemlichkeit nachzuweisen. Die folgenden Fälle sind zwar schon recht eindeutig, wahrscheinlich sind die Lehrkräfte damit aber trotzdem durchgekommen. Sie schaden mit ihrem Verhalten aber nicht nur ihren Schülern, sondern auch den Kolleginnen und Kollegen, indem sie so die ohnehin fiesen Vorurteile über Lehrer nähren. Klar ist: Die meisten Lehrer befinden sich eher kurz vor dem Burn-out als vor der Balkonbräune.

Doch wer kann nicht von dem einen Lehrer erzählen, der jede zweite Woche mit dem Medienwagen und einem Film um die Ecke kam? Eben.

Cineasten unter sich

Es ist eine denkbar einfache und wirkungsvolle Methode: Wenn Eltern ihre Ruhe haben wollen, setzen sie ihre Kinder vor den Fernseher. Funktioniert immer. Lehrer kennen diesen Trick natürlich auch.

Vive la France!

»Man sah unserem Physiklehrer an der Abendschule an, wenn er so ab 20.30 Uhr keine Lust mehr auf Unterricht hatte. Uns ging es natürlich genauso. Wir mussten dann nur das Gespräch auf seine Lieblingsfilme mit Jacques Tati bringen: Sofort holte er einen Videorekorder mit Fernseher und wir schauten Filme wie Monsieur Hulot.«

An einem Gymnasium im Jahr 2007 ...

»Unser Chemielehrer war kurz vor dem Ruhestand. Nach unserer Klasse war Schluss, und das merkte man auch. Freitags hatte er offenbar gar keine Lust auf Unterricht. Dann kam er immer mit einem Medienwagen und wir schauten anderthalb Stunden lang ›Die Harald Schmidt Show‹.«

James Bond forever

»Am ersten Schultag der siebten Klasse bekamen wir einen neuen Religionslehrer. Seine erste Frage an die Klasse lautete: ›Wie schaut's aus, wollt ihr Klassenarbeiten schreiben oder soll ich einfach jedem eine Zwei eintragen?‹ Nachdem wir mehrheitlich für die Zwei gestimmt hatten, verließ er das Klassenzimmer und kam mit dem Medienwagen zurück. In diesem Schuljahr schauten wir fast alle James-Bond-Filme durch.«

Nicht nur, dass diese Lehrer keinen Unterricht machen – die Filme, die sie zeigen, scheinen auch noch primär ihre eigenen Lieblingsfilme zu sein. Tststs.

Trash-TV statt Tonleiter

»Unser Musiklehrer erachtete Musik als nicht so wichtig für das spätere Leben. Deshalb mussten wir im Musikunterricht TV-Gerichtsshows mit Richter Alexander Hold und Richterin Barbara Salesch oder den Spielfilm Ben Hur auf Videokassetten ansehen, die er von zu Hause mitgebracht hatte. Manchmal hielt er die Videos an Stellen an, die ihm wichtig erschienen, und erklärte uns deren ›höhere Bedeutung‹. Die Noten kamen dann in wenigen Stunden zustande – meist durch Vorsingen. Unterrichtsstoff wurde ja praktisch nicht durchgenommen.«

Blues Brothers statt Brahms

»In der Mittelstufe hatten wir einen Musiklehrer, dessen Unterricht darin bestand, den Film Blues Brothers anzuschauen, ohne jegliche pädagogische Reflexion. Zudem verkaufte er die neuesten CDs aus seiner eigenen Brennerwerkstatt. Jeder bekam eine Zwei, man hatte aber die Chance, mittels Würfeln eine Eins oder aber eine Drei zu bekommen. Und: Er fuhr einen umgebauten Ambulanzwagen.«

Der Einsender schrieb noch, dass er selbst inzwischen Profimusiker sei. Neigung trotzt nämlich doch allen Widrigkeiten. Immerhin.

Mathe oder Musik – Hauptsache Fußball!

»Es war während der WM 2002, die in Japan und Korea stattfand. Ich war damals in der achten Klasse. Ein Musiklehrer hatte eine Zimmerantenne mitgebracht und in seinem Raum versteckt. Wenn Deutschland spielte, packte er sie aus und schaute mit seiner Klasse das Spiel. Mein Mathelehrer war ebenfalls Fußballfan – und statt Matheunterricht schickte er uns immer in den Musikraum zum Mitschauen.«

Zwischen Beschäftigungstherapie und Arbeitsbeschaffungsmaßnahmen

Ständig Filme zu schauen ist natürlich nur so semikreativ. Lehrer lassen sich aber noch einiges mehr einfallen, wenn sie keine Lust auf Unterricht, Wissensvermittlung oder ihren Stoff haben. Wenn sie schlicht ihren Job nicht machen wollen.

Eiserner Vorhang im Kopf

»Der Lehrer meiner Tochter war bekannt dafür, seit Jahren den gleichen Unterricht in Erdkunde abzuhalten. So war auf seinen Arbeitsblättern auch im Jahr 2004 noch die DDR zu sehen. Er hielt wohl nichts von einer Überarbeitung.«

Blablablablabla blubb blubb

»›Kinder, ich habe heute meine Brille und mein Buch vergessen. Macht nix! Ich war am Wochenende auf dem Schützenfest, beim Fußball, im Heimatverein …‹ So begann häufig der ›Unterricht‹ bei einem unserer Lehrer. Er hat es geschafft, durchschnittlich zweieinhalb von den drei Stunden, die wir pro Woche bei ihm Unterricht hatten, aus seinem sehr abwechslungsreichen, von etlichen Ehrenämtern geprägten Privatleben zu erzählen. Durchaus unterhaltsam – aber in dem Fach haben wir ein ganzes Jahr Schulstoff verloren, der uns nachher beim Abitur gefehlt hat.«

Sorry, my English is not so well, äh, good

»Unser Englischlehrer war meistens damit beschäftigt, uns die Welt zu erklären. Knapp die Hälfte der Unterrichtsstunde schimpfte er über Politik, und immer gab es zehn Minuten für die Weltwirtschaft. Die letzten fünfzehn Minuten machte er Unterricht. Mein Englisch ist bis heute ausbaufähig, aber dafür kenne ich mich mit weltpolitischen und wirtschaftlichen Zusammenhängen ziemlich gut aus.«

Warum ist dieser Mann nicht einfach Gemeinschaftskundelehrer geworden, fragen wir uns. Ein schlechtes Gewissen gegenüber seinen Schülern scheint er jedenfalls nicht gehabt zu haben. Diese Kollegen hier auch nicht:

Langeweile pur

»An einer Privatschule hatte ich einen Kollegen, dessen Gitarrenunterricht darin bestand, die Kinder stundenlang ihre Gitarre stimmen zu lassen. Er ging sich in dieser Zeit etwas zu essen holen und aß und trank in aller Ruhe und

Gemütlichkeit. Dieser sogenannte Neigungsunterricht musste auch keine Ergebnisse in Form von Aufführungen präsentieren. So eine Beschäftigungspraxis habe ich in dreißig Jahren an staatlichen Schulen nicht erlebt.«

17,9 Grad – bingo!

»Unser Englischlehrer stellte im Winter zu Beginn jeder Stunde ein Digitalthermometer auf den Tisch und beobachtete fünf Minuten lang die Temperatur. Lag diese unter 18 Grad, musste ein Schüler hoch zur Schulleitung gehen und den Direktor kommen lassen. Diesem erklärte unser Lehrer dann, dass er unter solchen Bedingungen nicht bereit sei zu unterrichten. Sein Unterricht fiel damit aus.«

Sender und Empfänger

»Im Kunstunterricht mussten wir immer erst mal 45 Minuten lang den Inhalt der vorherigen Stunde wiederholen. Am Ende jeder Stunde bemängelte unsere Kunstlehrerin dann, wie wenig Fortschritt wir im Unterricht machen würden. Als eine Schülerin schließlich anmerkte, dass das vielleicht an den langen Wiederholungen liegen könnte, ist sie ausgerastet.«

Kritikfähigkeit gehört auch nicht zu den Stärken des folgenden Lehrers. Küchenpsychologisch könnte man es so deuten: Die Pädagogen wissen durchaus, dass sie im Unrecht sind. Doch aussprechen darf das niemand.

Schön leicht gemacht

»Unser Mathelehrer hat immer nur mit denen Unterricht gemacht, die gut waren in Mathe. Die Schwächeren beachtete er gar nicht. Als einer der besseren Schüler ihn darauf aufmerksam machte, doch bitte gemeinschaftlich Unterricht zu machen, nahm er seine Tasche und ging nach Hause.«

Demo-, äh, Autokratie, äh, Faulheit

»In der 13. Klasse ließ uns unser Englischlehrer ›demokratisch‹ darüber abstimmen, welches Buch wir in diesem Halbjahr im Unterricht behandeln wollten. Zur Auswahl standen drei Bücher. Die Klasse wählte mit großer Mehrheit das dritte Buch. Daraufhin meinte der Lehrer unbeeindruckt zur verblüfften Klasse: ›Wir lesen das erste Buch, weil ich das gerade auch in der 12. Klasse behandele.‹«

Immer wieder haben auch Lehrer und Lehrerinnen keine Lust auf die Bücher, die im Lehrplan stehen. Klar, sind ja für sie auch jedes Jahr dieselben. Schnarch.

Lessing to go

»Unsere Deutschlehrerin in der zehnten Klasse hatte keine Lust, mit uns das Buch ›Nathan der Weise‹ durchzunehmen. Also erzählte sie uns in einer Unterrichtsstunde die Geschichte, und in der nächsten schrieben wir dann die Klausur darüber.«

Absurder Blödsinn

»Unsere Deutschlehrerin mochte alles außer Kafka. Aus Frust schmiss sie ihre Arbeitsblätter zu dessen Roman ›Der Prozess‹ mit folgenden Worten und unter dem Jubel der Klasse durch das Klassenzimmer: ›Ich habe genug von diesem absurden Blödsinn!‹«

Irgendwie, irgendwo, irgendwann

»Unsere Englischlehrerin in der Oberstufe hatte genauso wenig Lust auf das Pflichtbuch ›Tortilla Curtain‹ wie wir, weil es sterbenslangweilig war. An einem Freitag in der ersten Stunde meinte sie schließlich: ›Wisst ihr was, scheißt auf das Buch. Wir haben noch mehr als ein Jahr bis zum Abi. Wir machen das später.‹«

Der Lehrerberuf ist auch körperlich anstrengend. Da braucht man Pausen, Nickerchen – und ab und zu etwas Alkohol.

Und jetzt: beschleunigen

»Der Konrektor an meiner Schule wurde als junger Musiklehrer zum Sportunterricht verdonnert, womit er sich als Sportmuffel wohl überfordert oder vielleicht sogar bestraft gefühlt hat. Er soll dann seinen Schülern, die einen Dauerlauf zu bewältigen hatten, im Auto vorausgefahren sein.«

Siesta

»Die Stunde hatte längst begonnen, die Klasse war da, doch der Lehrer fehlte. Irgendwann gingen wir Schüler über Tische und Bänke, es wurde sehr laut. Plötzlich stand der Lehrer, auf den wir die ganze Zeit gewartet hatten, im Klassenraum – in Strümpfen.

Lehrer: ›Was ist denn hier los! Bei wem hättet ihr jetzt Unterricht?‹

Schüler: ›Bei Ihnen?!?‹

Lehrer: ›Okay, ich zieh mir nur schnell die Schuhe an.‹

Der Lehrer hatte sich, wie es seine Angewohnheit war, in der angrenzenden Abstellkammer zu einem Nickerchen hingelegt.«

Engel links, Teufel rechts

»Wir erwarteten die Rückgabe unserer Gemeinschafts-kunde-Klausur. Unser Lehrer hatte sie jedoch noch nicht korrigiert. Seine Erklärung: ›Gestern Abend lagen auf der einen Seite meines Schreibtisches eure Klausuren, auf der anderen Seite stand eine Flasche Whiskey. Ich habe mich für den Whiskey entschieden.«

Bohemian Lifestyle

»Donnerstag, fünfte und sechste Stunde, Kunst-Grundkurs. Unsere Lehrerin tauchte nicht auf. Gegen 12 Uhr sind wir mit einer kleinen Delegation zu ihr nach Hause – sie wohnte ganz in der Nähe –, um nach dem Rechten zu sehen. Es stellte sich heraus: Sie war am Abend zuvor versumpft, hatte verschlafen und stand deutlich neben der Spur im Nachthemd in der Tür. Aber immerhin: Sie kam zum Unterricht und versuchte, was in dem Zustand noch ging.«

Puh. Facepalm. Es gibt auch Lehrkräfte, die verstecken ihre Bequemlichkeit hinter einer verständnisvollen Laisser-faire-Haltung: Die Schüler dürfen alles, und Regeln werden nicht durchgesetzt. Wäre ja auch für die Lehrerin anstrengend. Und dies gilt es dringend zu vermeiden.

Bloß keinen Stress!
»In der neunten Klasse auf dem Gymnasium hatten wir immer von 14.30 bis 16 Uhr Religion, direkt nach dem Sportunterricht. Natürlich waren wir hungrig und müde – und unsere Lehrerin hatte für alles Verständnis: Ein Schüler aß in jeder Stunde ein Brathähnchen, ein anderer schlief mit dem Kopf auf dem Tisch. Kommentar der Lehrerin dazu: ›Wir müssen jetzt mal etwas ruhiger sein. Wenn er so müde ist, muss er schon schlafen. Wir wecken ihn dann am Ende der Stunde.‹ Andere spielten auf ihren Handys, dazu unsere Lehrerin: ›Macht mal bitte den Ton aus, das macht mich ganz nervös.‹ Weiterspielen war kein Problem. Und die Klausuren durften wir immer mit Unterlagen schreiben – da wir unserer Lehrerin ja so leidtaten.«

Interessant ist, dass Schüler und Schülerinnen es durchaus nicht immer goutieren, wenn ihre Lehrer es ihnen – und sich – zu leicht machen. Den meisten ist nämlich schon recht früh sehr klar: Sie selbst sind die Leidtragenden, die gerade nur sinnlos Zeit vergeuden.

Kreative Notengebung

Wer keinen richtigen Unterricht macht, hat natürlich auch keine angemessene Bewertungsgrundlage. Kann also keine fairen Noten geben. Und nun? Der Einfallsreichtum der Pädagogen scheint grenzenlos.

Huch, wie konnte ich das nur vergessen?!
»In der letzten Unterrichtsstunde vor der Notenabgabe in der neunten Klasse am Gymnasium fiel unserem Geschichtslehrer auf, dass er vergessen hatte, Klausuren schreiben zu lassen. Also zog er die Liste mit allen Schülernamen hervor und rief uns nacheinander auf. Vor der gesamten Klasse fragte er jeden Schüler, wie dieser seine eigene Leistung und Mitarbeit in diesem Schuljahr einschätze. Je überzeugter man behauptete, man habe fantastisch mitgearbeitet, desto besser fiel die eingetragene Note aus. Ich habe in meiner ganzen Schulzeit nie leichter eine Eins bekommen.«

Papierflieger

»Unser Techniklehrer an der Realschule war zu faul zum
Benoten von Klassenarbeiten. Also würfelte er die Noten
oder er stellte sich auf die siebte Stufe einer Treppe und
warf die Arbeiten in die Luft – je nachdem, auf welcher
Treppenstufe eine Klausur landete, gab es die entsprechende Note. Er warf aber meistens so, dass alle mit einer
Eins oder Zwei davonkamen.«

»Etwas« unmotiviert

»Unsere Biologie- und Chemielehrerin war etwas unmotiviert. So ließ sie uns – und alle anderen ihrer Klassen – pro
Halbjahr je einen riesigen Stapel Arbeitsblätter bearbeiten
und selbstständig vergleichen. Kurz vor der Notenvergabe
konnten einige Schüler Vorträge halten, um die mündliche
Note aufzubessern. Während eines solchen Vortrags verließ sie einmal unvermittelt den Raum. Die Schülerin fuhr
etwas irritiert fort. Nachdem sie fertig war, kam unsere
Lehrerin mit einem Kaffee wieder zurück und fragte uns,
wie wir den Vortrag fanden – offenbar als Grundlage für
ihre Bewertung. Und in der Oberstufe entwickelte dieselbe
Lehrerin folgende fragwürdige Sitz- und Arbeitsordnung:
Alle Schüler wurden je nach Notenstand zusammengesetzt,
also die Einserschüler zusammen, die Zweierschüler und
so weiter. Wir sollten nur noch in diesen Gruppen arbeiten.
Ein mittelmäßiger Schüler erkannte das Muster, setzte sich
unbemerkt zu den Einserschülern – und bekam mündlich
ebenfalls eine Eins.«

Schummeln leicht gemacht

»Im Technikunterricht sollten Schüler der zehnten Klasse einen Hammer anfertigen, sie hatten dafür mehrere Wochen Zeit. Bei der Notenvergabe legten verschiedene Schüler dem Lehrer denselben Hammer mehrmals vor – und behaupteten jedes Mal, dieser sei ihr eigenes Werk. Die Zensuren für ebendiesen einen Hammer lagen zwischen Eins und Fünf. Zum Schulabschluss bekam der Kollege den Hammer als Erinnerung geschenkt – natürlich mit Bekanntgabe aller Zensuren.«

Diese Anekdote über einen seiner Kollegen schickte uns ein Lehrer. Konsequenzen scheint die laxe Notengebung nicht gehabt zu haben. Alkohol in der Schule ist hingegen auf jeden Fall verboten.

Weniger geht nicht

»Unser Erdkundelehrer war meistens betrunken und ließ den Unterricht deshalb häufig ausfallen. Alle paar Wochen gab er uns die Aufgabe, drei Seiten im Buch zu lernen. In der Woche darauf setzte er sich im Flur auf einen Stuhl und rief uns nacheinander in alphabetischer Reihenfolge zu sich. Dann stellte er uns allen dieselben fünf Fragen.

Folglich hatten die Schüler weiter unten im Alphabet die deutlich besseren Noten. Ich stand weit unten auf der Liste und habe mich nie beschwert, nur jede Weltkarte überfordert mich bis heute.«

Alles ist großARTig

»Unser Kunstlehrer in der Oberstufe hatte die Gabe, in wirklich allem Kunst zu sehen. Ein Mitschüler hatte im Unterricht ein gekochtes Ei gegessen und die weiße Schale anschließend auf ein weißes Blatt Papier geklebt. Ein anderer Mitschüler machte es sich noch einfacher und gab ein Bild aus seiner Kindergartenmappe ab. Jeder bekam immer eine Eins.«

Noten zu verteilen ist auch dann schwierig, wenn man sich nicht mal die Namen der Schüler und Schülerinnen merken kann. Wer nicht weiß, wie der stille, aber aufmerksame Junge in der zweiten Reihe heißt, kann am Jahresende auch schlecht eine Zensur vergeben – sollte man meinen.

Das Notenexperiment

»Wir hatten einen Chemielehrer, der von einer anderen Schule abgeordnet war. Er fuhr immer auf seinem klapprigen Fahrrad mit hinterherflatterndem Laborkittel von seiner Herkunftsschule zu uns. Auch am Ende des Schuljahres kannte er keinen einzigen Namen. Und wenn er die Noten vorlas, konnte sich keiner erklären, wie diese zustande gekommen waren.«

Pfff

»Unser Geschichtslehrer in der sechsten Klasse auf dem Gymnasium konnte sich keine Namen merken. Stattdessen hießen alle Jungs ›Fritzchen‹ und alle Mädchen ›Mäuschen‹.«

Note ohne Teilnahme

»Ich hatte keinen Musikunterricht, da ich immer Kunst gewählt habe. Den Musiklehrer kannte ich nur von einer Klassenfahrt. Vor den Zeugnissen fragte ich ihn einmal in einer großen Pause, was ich denn für eine Note in Musik zu erwarten hätte. Seine Antwort: ›Na ja, eine 3 wird es wohl werden.‹«

Whatever

»Unsere Parallelklasse sollte frühmorgens eine Musikklausur schreiben. Nachdem der Lehrer nicht kam, wurde nach ungefähr 15 Minuten das Sekretariat informiert. Das erreichte ihn zu Hause. Knappe 20 Minuten später war er da, mit zerzausten Haaren und völlig außer Atem. Er grüßte und sagte, er müsse noch etwas holen. Weitere rund 15 Minuten später kam er wieder. Die Klausur bestand aus handgeschriebenen Aufgaben sowie kopierten Abschnitten und Fragen aus einem Buch. Er hatte offensichtlich verschlafen und auch keine Klausur vorbereitet. Jener Musiklehrer las vor Schuljahresende die mündlichen Noten vor: Name und Punktzahl.
Lehrer: ›Lukas – wer ist das überhaupt?‹

Einige Schüler: ›Der ist heute krank.‹

Lehrer: ›Jaja. Wer auch immer das ist, ich habe ihm zwölf Punkte gegeben.‹«

Kann es wirklich sein, dass Lehrer sich über Monate die Namen und Gesichter ihrer Schüler nicht merken können? Oh ja. Und das ist längst nicht das Einzige, das einen überrascht. Was Lehrer wirklich insgeheim denken über die Kinder in ihren Klassen, ihren Beruf und ihre lieben Kollegen, lesen Sie im folgenden Kapitel der **Lehrergeständnisse**.

Lehrergeständnisse: »Sportlehrer reden ständig übers Flirten«

Vielleicht würden Lehrer ihrem Frust viel häufiger Luft machen, wenn sie nur dürften. Doch als Beamte ist es ihnen verboten, Schulinterna auszuplaudern – Datenschutz! Wie viel Stress und Ärger, ja wie viel Sprengstoff sich hinter geschlossener Lehrerzimmertür ansammelt, können Schüler und Eltern nur erahnen. Nur wenige trauen sich, das System zu kritisieren, das sie ernährt. Und so entsteht der Eindruck, Lehrkräfte seien mit ihrem Schulalltag völlig einverstanden. Mit Korrekturstress und Notengebung, mit Ausflügen und Klassenfahrten, mit Elternsprechtagen und ihrem Kollegium.

Man denkt, Lehrer würden oberschlaue Besserwisser lieben und dreiste Revoluzzer gern bestrafen, doch ist das wirklich so? Wie viel Neid und Missgunst gibt es unter den Kollegen, sind die sich wirklich immer so einig? Und was geht in Lehrern vor sich, wenn sie Schüler bestrafen?

Eine Realschullehrerin erzählte: »Manchmal muss man mit Schülern über eine Sache schimpfen, die man persönlich aber eigentlich lustig findet. Man setzt also ein ernstes Gesicht auf, erklärt die Situation und schimpft dementsprechend. Einmal schaute mich ein Schüler an und sagte ganz trocken: ›Meinen Sie das ernst? Sie lachen mit den Augen!‹ Tja, was soll man da noch sagen?« Hier dürfen Lehrkräfte nun auspacken – wenn gewünscht, ganz anonym, damit niemand zu Schaden kommt.

»Ein Kollege hat in jeder Konferenz geschlafen« – Lehrer über Lehrer

Wie in jedem Kollegium gibt es auch unter Lehrern Freund-, Feind- und Seilschaften, Animositäten und Solidarität. Allerdings gibt es da ja auch immer noch eine dritte Kraft, nämlich die Schüler. Auch die können die Balance zwischen den Erwachsenen manchmal durcheinanderbringen. Was also tun, wenn einem der Schüler näher ist als der Kollege?

Ein Lehrer erzählt:

»An unserer Schule nutzen wir die sogenannte Trainingsraum-Methode. Der Trainingsraum ist eigens eingerichtet und verfügbar für Schüler, die im Unterricht stören und

Mist bauen. Speziell dafür ausgebildete Lehrer sitzen dort und warten auf Schüler, die aus ihrem Unterricht geflogen sind. Dann soll gemeinsam ein Plan entwickelt werden, wie die Jugendlichen es schaffen können, sich in Zukunft besser an die Regeln zu halten. Ich bin so ein Lehrer. Eines Tages klopfte es zaghaft, ein Schüler aus der neunten Klasse trat ein. ›Na, du Schnarchnase‹, empfing ich ihn, er war bekannt durch seine regelmäßigen Besuche im Trainingsraum. ›Was hast du dieses Mal angestellt?‹, fragte ich ihn. Wortlos schob er mir den Zettel rüber, auf dem der Lehrer das Fehlverhalten des Schülers vermerkt hatte. Ich konnte mir ein Lachen nicht verkneifen. Dort stand wörtlich: ›Er singt im Unterricht dauernd »Atemlos« von Helene Fischer.‹ Der Schüler musste nun auch grinsen. Trotzdem mussten wir natürlich einen ernsthaften Rückkehrplan entwickeln, damit er sein Fehlverhalten reflektieren konnte. ›Also‹, meinte ich. ›Was schreibst du dem Lehrer jetzt in den Rückkehrplan?‹ Er notierte etwas auf dem Blatt und gab es mir. Dort stand: ›Im Englischunterricht darf man kein Lied von Helene Fischer singen. Das mache ich jetzt nur noch im Deutschunterricht.‹ Der Kollege hat den Plan tatsächlich akzeptiert.«

Die Kaffeetante

»Ich hatte eine nette Kollegin, die allerdings mit einfachen weltlichen Dingen nicht sehr vertraut war. Trotzdem fasste sie einmal den Mut, für alle die große Kaffeemaschine anzuschmeißen. Als ich ins Lehrerzimmer kam, hatte sie gerade den Papierfilter samt Kaffeepulver in die Einfüllöffnung für das Kaltwasser anstatt in den Filterkorb gepackt und war dabei, das kalte Wasser darüberzugießen. Nur beherztes Eingreifen – Stecker ziehen, über der Spüle die gesamte Maschine umdrehen und auslaufen lassen – bewahrte ebendiese vor größerem Schaden. Beim anschließenden gemeinsamen Kaffeetrinken konnten wir aber darüber lachen.«

Der Schläfer

»Ein Kollege schlief in unserer monatlichen Konferenz immer ein. Immer. Die Kollegen schlossen untereinander Wetten ab, wann er einschlief. Jeder wettete zwei – damals noch – Mark. Der Gewinner, der die richtige Minute tippte, gewann die Hälfte. Die andere Hälfte wurde gespart – für unseren Kollegen, wenn er in Rente ging. Über die Jahre sammelte sich ein hübsches Sümmchen an, und zur Pension erhielt der Kollege sein Schlaf-Schwein. Er wusste bis dahin nicht, dass Kollegen auf ihn gewettet hatten.«

Der Schnacker

»Ein Kollege, Herr N., der wie ich ein neuntes Schuljahr als Klassenlehrer führte, war ein begnadeter Geschichtenerzähler und -erfinder. Und so veräppelte er sein Umfeld hin und wieder mit hanebüchenen, aber trotzdem glaubhaft dargelegten Storys. Seinen Sommerurlaub hatte er in Schottland verbracht.

An einem Schultag kurz nach den Ferien war meine Klasse unruhig und fragte mich schließlich, ob ich auch schon die Geschichte vom Aufeinandertreffen von Herrn N. und Nessie, dem ›Ungeheuer von Loch Ness‹ gehört hätte. Da ich wusste, dass mein Kollege gerade nebenan in seiner Klasse war, ging ich rüber und fragte ihn, was das denn für eine Story mit ihm und Nessie sei. Er gab seiner Klasse eine Aufgabe für die Stillarbeit und kam mit in meine Klasse. Da ich nicht so ernst bleiben konnte wie er und die Schüler an meinem Schmunzeln mit Sicherheit erkannt hätten, dass sie gerade auf den Arm genommen wurden, stellte ich mich ans Fenster und schaute raus, während er uns seine neueste Geschichte präsentierte: Er sei von seinem Campingplatz aus zum Loch Ness gelaufen und habe es sich mit einer Tüte Chips am Ufer gemütlich gemacht, als Nessie auf ihn zugekommen sei und er es mit den Chips gefüttert habe.

Den Skeptikern, die sofort lauthals lachten, nahm er den Wind aus den Segeln, indem er sie fragte, wie groß Nessie denn ihrer Meinung nach sei. Da wurden dann eine Menge Maße zwischen 15 und 28 Metern genannt, worauf er erwiderte: ›So ein Quatsch, es gibt doch keine Dinosaurier mehr. Es war trotz des langen Halses höchstens sechs Meter lang.‹ Daraufhin hatte er Ruhe und konnte seine Geschichte weitererzählen: Nach der Fütterung sei er zu seinem Zelt zurückgegangen, sei dabei allerdings von Nessie in Erwartung weiterer Leckereien begleitet worden, die er ihm auch an seinem Zelt zukommen ließ. Danach habe er Nessie zum Wasser zurückgeführt. Da er mit seiner Aktion die anderen Camper fürchterlich erschreckt habe, musste er den Platz am nächsten Tag räumen. Kaum vorstellbar, aber die Schüler glaubten ihm die Geschichte noch fast zwei Jahre später bei ihrer Verabschiedung.«

Lehrer machen sich also durchaus auch mal über Schüler lustig – nicht nur umgekehrt. Was sie sonst von den Kindern, Jugendlichen und ihren Kollegen halten, verraten ein paar Pädagogen in den folgenden Lehrergeständnissen.

»Ich mache Kabarett über meinen ehemaligen Schulalltag«

Johannes Schröder beschloss nach zwölf Jahren als Deutsch- und Englischlehrer, seine Erfahrungen im Schulkosmos zu einer Bühnenshow zu machen. Seitdem tourt er als

Comedian mit seinem Programm »World of Lehrkraft – ein Trauma geht in Erfüllung« durch Deutschland. Hier berichtet er von seinen Erlebnissen:

»Lehrer für Deutsch und Englisch war ich immer gern, aber nach zwölf Jahren an einem Gymnasium wollte ich auch mal eine Form der selbstständigen Arbeit erleben. Ich fand den Gedanken schwierig, mein Leben lang mit dem Korrekturstapel unter dem Arm durch die Korridore gegangen zu sein. Sollte ich mit 60 Jahren noch Reclam-Heftchen an gelangweilt blickende Schüler austeilen?

Auf der Bühne zu stehen war in der Schule eine Nische, die für mich genau richtig war. Ich leitete als Deutschlehrer die AG für Darstellendes Spiel, und das Auf-der-Bühne-Sein und die besondere Beziehung, die man dabei zu den Schülern hat, ließen in mir den Traum aufkeimen, mal ein eigenes Bühnenprojekt zu starten. ›Du bist doch selber voll die Rampensau‹, sagte eine Kollegin zu mir, ›mach doch mal was!‹ Ich war wirklich mit größter Leidenschaft dabei und arbeitete mit den Schülern an Texten, Bühnenspannung, Konzentration und der nötigen innerlichen Einstellung, auf die Bühne zu treten.

Es dauerte dann noch eine Weile, bis mir klar wurde, dass es für mich kein besseres Thema für eine Bühnenshow als meinen Schulalltag gab. Schmerz und Freude, ach, die gesamte Palette menschlicher Gefühle spielt sich an Schulen jeden Tag ab. Das sprühende, sich entwickelnde Leben von Pubertierenden wird dort immer wieder neu verhandelt, man muss nur zusehen. Alles ist total intensiv, weil Schüler eben sehr spontan sind und völlig ungefiltert reagieren. Mein Alltag war bereits eine Art Stand-up-Comedy, manchmal mit gnadenlosen Konflikten, manchmal im dreihebigen Jambus – ich musste das also nur noch auf die Bühne bringen.

Wie über Nacht entstand die Grundidee für mein Kabarett-Programm. Ich würde mich – stellvertretend für alle Deutschlehrer – entschuldigen für das, was ich den Schülern angetan hatte. Und das ist keine ausgedachte Haltung. Nein, mir tut es ehrlich leid, dass ich meine Schüler jahrelang mit dem lyrischen Ich, adverbialen Bestimmungen, Erörterungen und Reclam-Heften belästigt habe. Nun wollte ich auch mal mein Leid klagen, den Frust von meinen Korrekturstapeln loswerden.

Manchmal hat mich das Lehrersein schon ziemlich runtergezogen, auch da wir im ›Cholerikum‹ oft viel zu stark um die Defizite der Schüler kreisten. Da saßen wir im Lehrerzimmer und kauten ihre Schwächen durch: Dies kann Marvin nicht, was hat Tabea schon wieder falsch gemacht, jenes wird Luisa nie lernen … Das war der Tenor, und ich kann nicht mal sagen, ob ich in das Klagelied nicht womöglich manchmal selbst mit eingestimmt bin.

Auch mit dem Notensystem konnte ich mich nicht identifizieren. Man füllt da immer diese Listen aus, die ja nur vermeintlich objektiv sind. In Wahrheit legt jeder Lehrer seinen eigenen Maßstab an, was natürlich völlig willkürlich ist. Trotzdem glauben die meisten fest an ihr Zensurensystem: Ich kenne Lehrer, die den Notendurchschnitt bis auf die dritte oder vierte Nachkommastelle ausgerechnet haben. Auch deshalb bin ich aus einigen Lehrerkonferenzen mit Bauchschmerzen wieder rausgegangen.

Mein Wechsel ins Kabarett ist aber keine zynische Abrechnung mit dem Beruf. Ich glaube, man merkt in meiner Show deutlich, dass ich mit Freude bei der Sache war. Egal, wie schrecklich eine Stunde vielleicht war, jeder Tag in diesem Beruf birgt einen kleinen Anfang. Und: Als Lehrer kann ich die Beziehungsebene immer wieder neu aufbauen. Auch wenn das Bildungssystem einige Makel hat: Jeder Lehrer hat die Freiheit, das Verhältnis zu seinen Schülern zu gestalten – Vertrauen aufzubauen, mit ihnen zu lachen, ihre Sorgen und Nöte wahrzunehmen. Oder eben auch nicht.

Nun arbeite ich an der Beziehungsebene zu meinen Zuschauern, denn Lehrer sind auch großartiges Comedy-Material. Man kann sie so herrlich zu Klischees formen. Und sie haben eine derart große Gestaltungsfreiheit in ihrem Beruf, dass daraus manchmal sehr wundersame Persönlichkeiten erwachsen. Meine Erzfeinde in meinem Comedy-Programm sind Sportlehrer. Die verkörpern alles, was ich nicht bin, und auf der Bühne kann ich jetzt richtig schön über sie ablästern. An meinem Sportgymnasium gab es mehrere von diesen attraktiven, optimistischen Spaßgurken, die ständig Feste organisieren und bei den Schülern super ankommen. Und ich saß da mit meinem Korrekturstapel und roter Tinte. Heute kommen ganze Gruppen von Sportlehrern in meine Shows, das finde ich toll.

Schüler eignen sich ebenfalls perfekt für Comedy, weil sie gnadenlos ehrlich sind. Die nehmen kein Blatt vor den Mund und können auch gar nicht anders. Da musste ich viel einstecken, aber eigentlich finde ich diese konfliktreichen Situationen spannend. Solche Begegnungen sind unglaublich wertvoll, und Lehrer sind dafür da, Auseinandersetzungen einzugehen, damit überhaupt Entwicklung stattfindet. Es kann gar nicht sein, dass an Schulen immer nur Friede, Freude, Eierkuchen herrscht.

Und dann gibt es noch diese kritischen Schülerinnen und Schüler, die viel schlauer waren als ich und schon tausend Bücher mehr gelesen hatten. Die saßen da und schauten mich an, als ob mir mein Berliner 3,0-Abitur auf die Stirn tätowiert wäre und sie sagen wollten: ›Na, gucken wir mal, ob der ein guter Deutschlehrer ist.‹ Die haben mir meine Selbstsicherheit genommen, weil sie alle typischen Lehrertricks durchschauten. Aber jetzt kriegen sie in meinem Programm auch mal ihr Fett weg.«

Johannes Schröder ist Autor des Buches
»World of Lehrkraft. Ein Pädagoge packt aus«.

»Meine Kollegen nehmen mich nicht ernst«

Dieser Pädagoge ist 28 Jahre alt und unterrichtet an einem Hamburger Gymnasium Englisch, Politik und Geschichte. Dank eines Lehrauftrags konnte er schon vor Ende seines Studiums in den Beruf starten. Jetzt wartet er auf einen der wenigen Referendariatsplätze. Und versucht, seinen Schülern und seinen beiden Kindern gerecht zu werden.

»Mein Berufsleben begann mit einem Schock. Ich hospitierte gerade an einem Gymnasium in Hamburg, im Frühjahr 2019 war das. Dort begleitete ich einen Englischlehrer, er wurde von den Kolleginnen und Kollegen und besonders von seinem Oberstufenkurs sehr geschätzt. Kurz vor Ende meines Praktikums verstarb er völlig überraschend – und der Schuldirektor bat mich, den Englischkurs zu übernehmen. Ein Referendariat hatte ich zwar noch nicht absolviert und auch meine Masterarbeit noch nicht abgegeben, über einen Lehrauftrag durfte ich aber trotzdem schon unterrichten. Mitten im Schuljahr übernahm ich also einen Oberstufenkurs – selbst kaum zehn Jahre älter als meine Schüler, die mich nur als Praktikanten kannten.

Als Lehrbeauftragter vertrete ich andere Lehrkräfte und bin deshalb befristet an der Schule angestellt, bezahlt werde ich nach Stunden. Normalerweise arbeite ich 20 Stunden in der Woche und verdiene damit knapp 1800 Euro brutto pro Monat. Das ist etwa so viel, wie man während des Referendariats bekommt – bei der Hälfte der Arbeitszeit.

Die ersten Wochen waren heftig. Wer denkt, Lehrpersonal ziehe morgens nur einen Ordner aus dem Regal, liegt völlig falsch! In der Oberstufe gibt es oft keine Lehrbücher mehr, man muss sich selbst und die Schüler ständig auf dem Laufenden halten, denn auch die Abituraufgaben nehmen Bezug auf aktuelle Geschehnisse. Es war meine Verantwortung, die jungen Erwachsenen vorzubereiten. Abends, wenn meine Kinder schliefen, saß ich stundenlang am Schreibtisch, um die kommenden Unterrichtseinheiten zu konzipieren. In der Anfangszeit kam ich deshalb oft übermüdet in der Schule an.

Und wirklich willkommen fühlte ich mich dort nicht. Morgens grüßten nicht einmal alle Kollegen zurück, wenn wir uns auf dem Schulflur begegneten. Ein echter Austausch im Team fand nicht statt, und wenn, dann erntete ich meist nur Kritik für meine pädagogischen Ansätze: Ich wollte weg von dem gymnasialen Druck, hin zu individuellen Aufgaben. Dass ich damit im Kollegium nicht ernst genommen wurde, ließ mich ziemlich an meiner Person zweifeln. Vielleicht lag es daran, dass sie mich nicht als richtigen Lehrer akzeptierten.

Zeit, mich mit meinen Selbstzweifeln auseinanderzusetzen, hatte ich aber nicht. Im Gegenteil: Ich musste selbst-

sicher wirken, gerade vor Klassen der Mittelstufe, die ich später übernahm. Der Moment, in dem man durch die Tür ins Klassenzimmer schreitet, ist entscheidend. Da geschehen hundert Dinge gleichzeitig: Aus Smartphones schallt Musik, ein Kind turnt im Fenster, ein anderes fängt an zu weinen. Um im Notfall richtig handeln zu können, muss ich den Überblick bewahren.

Die ständige Geräuschkulisse im Klassenzimmer zerrte in den ersten Monaten an meinen Nerven, obwohl ich Lärm von meinen eigenen Kindern eigentlich gewohnt war. Ich stand dauernd unter Strom, diesen Stress nahm ich mit nach Hause. Als ich mit meinen Kleinen am Ende einer besonders anstrengenden Woche mit vollem Einkaufswagen an der Supermarktkasse stand und sich ein älterer Herr vordrängelte, platzte mir der Kragen: Ich schrie den Mann an, was ihm einfallen würde, sich so rücksichtslos zu verhalten und meine Zeit zu stehlen. Superunangenehm!

Ich wollte nie einer dieser cholerischen Erwachsenen sein, schon gar nicht vor den Augen meiner Kinder. Natürlich bereue ich, dass damals eine völlig unbeteiligte Person Opfer meiner schlechten Laune wurde, trotzdem war das Erlebnis im Supermarkt ein Schlüsselmoment für mich. Ich versuchte, fortan ruhiger zu sein, zu meinen Überzeugungen zu stehen, mich aber auch mal kompromissbereit zu zeigen. Das verbesserte die Situation im Kollegium und gab mir gegenüber meinen Schülern das nötige Selbstvertrauen. Mit der Zeit lernte ich auch einzuschätzen, wie viele Stunden Vorbereitung für welche Kurse notwendig sind, und fand so zurück zu einem gesunden Schlafrhythmus. Vor allem aber wurde mir klar, dass ich nicht ständig als Vorbild funktionieren muss, sondern auch mal Fehler machen darf.«

Dieses Protokoll wurde aufgezeichnet von Manuel Biallas.

»Unter Sportlehrern geht es ständig um Sex«

Der Übergang vom Schüler zum Studenten zum Lehrer fällt nicht allen Lehramtsstudierenden leicht. Einige verharren einfach in ihrer Kinderrolle – doch wie lange geht das gut? Ein Referendarausbilder berichtet.

»Ich bin Seminarausbilder für Sportlehrer in Bayern und betreue Referendare und Studierende an zehn Gymnasien. Außerdem unterrichte ich einige wenige Stunden an meiner eigenen Schule als Sportlehrer. Das Lustige dabei: Oft spüre ich zwischen meinen Schülern und meinen Studierenden kaum einen Unterschied. Auch Referendare sind oft noch Kinder. Ich kann dann nur den Kopf schütteln und denke: *Ihr* wollt bald Lehrer sein?

Man muss dazu wissen: Die Referendare haben bereits ein erstes Staatsexamen an der Universität und ein Semester Schulpraktikum hinter sich. Doch sie pflegen die erlernte Unselbstständigkeit. Wenn ich etwas erkläre, haben sie das nach zwei Minuten wieder vergessen. ›Sie müssen das visualisieren‹, sagen die mir dann. Ich schreibe also Stichworte an die Tafel. Und dann frage ich nach ein paar Minuten noch mal – wieder alles vergessen. Oft wiederhole ich mein Gesagtes dann noch mal als Rollenspiel, damit etwas hängen bleibt. Muss ich die didaktischen Inhalte wirklich jedes Mal vortanzen, damit auch alle Sinneskanäle angesprochen werden?

Ich vermute, dass Sportlehrer besonders Schwierigkeiten mit der Abstraktion haben. Es sind ehemalige Schwimmmeister, Zehnkämpfer oder Top-Basketballspieler darunter, die manchmal nur studiert haben, um ihren Sport ausüben zu können und nach der leistungsstarken Phase eine berufliche Perspektive zu haben. Viele von ihnen sind lebensfroh und unbekümmert, das mag ich sehr. Aber damit einher geht eben auch diese gewisse Verpeiltheit.

Mit den Referendaren kann man in der Regel einigermaßen zuverlässig arbeiten, doch die Studierenden im unbenoteten Praxissemester sind manchmal einfach etwas gaga. Die bewegen sich im völlig bewertungsfreien Raum und kümmern sich um dementsprechend wenig. Wenn ich also nicht jedem Einzelnen noch mal sage, wann und wo der Treffpunkt ist, kommt niemand zum Unterricht. Ich schreibe manchmal vier E-Mails, die unbeantwortet bleiben, und in der Antwort auf meine fünfte Nachfrage steht dann: ›Ach, wir sollen auf Ihre Mails auch antworten?‹ Lustig wird es auch, wenn ich die Studenten in einen Leistungskurs Sport mitnehme und ihnen verrate, dass dort auch Klausuren geschrieben werden, die – Achtung – benotet werden müssen. Nachfrage meiner Studenten: ›Wer korrigiert die Klausuren denn?‹

Immerhin: Wenn angehende Sportlehrer ihr Referendariat abschließen, haben die meisten ihre Hilflosigkeit aus dem Studium abgelegt und die Erkenntnis gewonnen, dass Sportunterricht mehr bedeutet, als die Badehose zu waschen und den Ball aufzupumpen. Doch dann kommt das andere große, sportspezifische Problem: Die Flirtsituation, eine wohl nie endende Thematik in diesem Fach. Erst neulich sprach mich wieder ein Examensprüfling darauf an, ein Handballer, groß gewachsen, muskulös, Fächer Spanisch und Sport: Alle zwei Minuten werde er von Schülerinnen angebaggert. Das sei total unangenehm. Wie solle er damit umgehen?

Es gibt natürlich nur eine Art, damit umzugehen, nämlich die professionelle Distanz. Wenn nötig, alle zwei Minuten wieder, wie ein Mantra. Sportpädagogen werden häufig angeflirtet, vor allem die männlichen. Als ich mal einer Schülerin sagte, sie solle ihre Jacke ausziehen, kam die Antwort: ›Für Sie kann ich auch alles ausziehen!‹ Und in wirklich jeder Supervision geht es um Sexualität. Andere Lehrer klagen auf ihren Fachsitzungen über Arbeitsbelastung und Notengebung, bei Sportlehrern geht es in 90 Prozent der Fälle darum, dass sie Zielpunkt sexueller Neugier von Schutzbefohlenen werden.

Zum Glück hat mir noch keiner gebeichtet, dass er sich auf eine Affäre eingelassen habe. Nach den ersten zehn Jahren im Beruf lassen Attraktivität und damit das Problem ein wenig nach. Möchte man zumindest meinen. Nur einer meiner Sportkollegen hat noch kurz vor seiner Pensionierung den Vogel abgeschossen und eine seiner Abiturientinnen geheiratet.«

»Lasst mehr Stunden ausfallen!«

Vertretungsstunden in der Schule sind Quatsch, sagt dieser Pädagoge. Er muss es wissen, schließlich ist er selbst Lehrer in Baden-Württemberg – und fordert von Kollegen und Eltern mehr Mut zum Unterrichtsausfall:

»Das neue Schuljahr läuft. Und mal wieder scheint *er* so groß zu sein wie noch nie: der Lehrermangel. Das führt schon zu Beginn des Schuljahres zu Frust bei Eltern, bei Politikern und bei Lehrern – und damit auch bei mir. Denn eins gibt es zur schlechten Lehrerversorgung gleich gratis dazu: viele Vertretungsstunden.

Aus der Erfahrung vergangener Schuljahre kann ich erahnen, dass es nicht lange dauern wird, bis der erste mittel- bis langfristige Krankheitsfall oder eine längere Abordnung eintrudelt und damit der Stundenplan aller anderen Kolleginnen und Kollegen mächtig durcheinandergewirbelt wird. Hinzu kommt, dass Vertretungslehrer schwer und nur nach langem, bürokratischem Hin und Her zu bekommen sind. Das heißt für den Rest von uns zunächst einmal: Vertretungsstunden. Und die sind in aller Regel unbezahlt.

Über den Daumen gepeilt waren 80 bis 90 Prozent meiner Vertretungsstunden in den vergangenen Jahren grober Unfug. Ich schaute Filmchen mit Klassen, die ich nicht kannte. Ich gab Arbeitsaufträge abwesender Kollegen weiter, bei denen ich den Schülern nicht helfen konnte – was dazu führte, dass die Nachbereitung in der nächsten Stunde noch einmal genauso viel Zeit in Anspruch nahm. Oder ich ließ die Schüler Hausaufgaben machen, was auch nur von den besonders Fleißigen ordentlich erledigt wurde.

Währenddessen sind meine dringend zur Regeneration oder zur Unterrichtsvorbereitung benötigten Freistunden einfach verschwunden, aufgezehrt von einer meist fremden Klasse, die verständlicherweise keine Lust hatte, mich zu schonen. Gerade in einer relativ kleinen Schule wie meiner nagt das schnell an der Substanz des gesamten Kollegiums.

Doch warum funktionieren Vertretungsstunden so schlecht? Meist wird die Vertretung kurzfristig eingeplant, sodass kein adäquater Fachunterricht stattfinden kann. Man sitzt dann mit der Klasse die Zeit ab, spielt Galgenmännchen oder bearbeitet Arbeitsblätter aus irgendeinem Fundus, die die Fachschaft Englisch in wochenlanger Zusatzarbeit auf Wunsch der Schulleitung entworfen hat, die aber thematisch kaum zum aktuellen Unterricht der vergangenen Stunden passen.

Selbst wenn im Best-Case-Szenario ein Fachkollege die Stunden übernimmt, kann der sich nicht in jedes Thema einarbeiten, das die betreffende Klasse gerade behandelt. Nach fast jeder Vertretungsstunde denke ich mir, dass nicht nur ich, sondern auch die Schüler diese Zeit viel besser hätten verbringen können. Mit Kicken auf dem Schulhof, mit Lesen in der Bücherei, mit Tratsch mit der besten Freundin und sogar mit Musikhören auf dem Smartphone.

Sind das nicht die wahren Gründe, warum die meisten Schülerinnen und Schüler verhältnismäßig gerne zur Schule gehen? Freunde treffen, das Wochenende planen und das Tischtennisspiel in der Pause; all die Dinge, die abseits des Unterrichts stattfinden. Zumindest bei mir war das früher so.

›Aber die Aufsichtspflicht!‹, höre ich meinen Schulleiter sagen. Das lasse ich für Grundschüler ja gern gelten. Warum wir es aber Jugendlichen nicht zutrauen, sich auf dem Schulgelände zu beschäftigen oder den Heimweg eine Stunde früher anzutreten, können wohl nur die gewieften Juristen der Schulaufsicht beantworten.

Auf der Habenseite einer Vertretungsstunde stehen also die Beaufsichtigung der Schülerinnen und Schüler und bestenfalls, aber keinesfalls regelmäßig, ein winzig kleiner Lernfortschritt. Auf der Sollseite stehen unbezahlte Überstunden, die bei den noch gesunden Lehrern zu weiterer Belastung führen, und dazu unmotivierte Schüler, die sehr genau wissen, dass sie diese Zeit viel besser hätten verbringen können.

Daher mein Appell an alle verärgerten Eltern und nervösen Schulleitungen: Gönnt den Kindern die freie Zeit und lasst mehr Stunden ausfallen! Die meisten Jugendlichen haben in Zeiten von G8 und Co. ohnehin zu wenig Zeit für soziale Kontakte oder sportliche Aktivitäten. Die Schullaufbahn von Schülerinnen und Schülern wird nicht an der einen oder anderen Freistunde scheitern. Und auch wir Lehrerinnen und Lehrer würden es euch danken.«

Vermutlich hat er recht: Ein bisschen mehr Gelassenheit würde allen Beteiligten guttun – den Schülern, Eltern und Lehrern. Oooommm.

Schlusswort:
»Eine der schönsten Zeiten im Leben«

Lehrer! Man kann nicht ohne sie, aber manchmal auch nicht mit ihnen. Einige schräge Typen treiben die ihnen Anvertrauten und deren Eltern in den Wahnsinn und lassen an unserem Bildungssystem zweifeln.

Schüler quälen sich durch ihren Schulalltag, in dem sie den Spleens und dem Frust ihrer Lehrer völlig ausgeliefert sind. Einige Pädagogen berichteten uns sogar davon, dass sie sich freuen, wenn sie auf Partys oder in der Öffentlichkeit nicht als Lehrer erkannt werden – so schlecht sei oft ihr Ruf.

Aber in diesem Buch kamen auch die anderen vor: Die Helden in Klassenzimmern, diese fantastischen Wegbegleiter und Kämpfer für eine bessere Gesellschaft, die sich täglich abmühen, aufreiben und anstrengen, um den Kindern und Jugendlichen eine schöne Schulzeit und eine aussichtsreiche Zukunft zu ermöglichen. Und wenn das gelingt, profitieren wir alle davon.

Doch wer jetzt weiterhin nur auf die resignierten Stümper schimpft und Blumen an die superengagierten Pädagogen verteilt, sollte auch bedenken: Sich mit der Fülle an Charakteren auseinanderzusetzen, Schrullen und auch mal Ungerechtigkeiten zu erleben und zu erdulden, gehört zum Leben dazu. Wer dies erst als Erwachsener erkennt, tut sich erwiesenermaßen schwerer, damit umzugehen.

Nennen wir den Umgang mit den schrägen Lehrkräften doch einfach die »Schule des Lebens«, an die man sich immer erinnern wird. Und wenn dabei noch Toleranz und Humor geübt werden, ist schon mal viel geschafft. Zumindest bei uns Autorinnen haben die seltsamen Lehrer für viele fröhliche Momente gesorgt.

»Ich hoffe, Sie finden viele nette Geschichten für Ihr Buch. Die Schulzeit ist doch für die meisten Leute eine der schönsten Zeiten im Leben«, schrieb uns eine Einsenderin. Dem können wir nur zustimmen.

Danksagung

Wir danken den Leserinnen und Lesern des SPIEGEL für ihre zahlreichen Einsendungen und vielen weiteren Schülerinnen und Schülern, die uns ihre schönsten Anekdoten aus dem Schulalltag erzählten und ihre Erinnerungen mit uns geteilt haben. Außerdem den Lehrerinnen und Lehrern, die uns ihre Geheimnisse verraten haben. Und wir danken Marcin und Stan.

Lena Greiner
Carola Padtberg

Nenne drei Streichinstrumente: Geige, Bratsche, Limoncello

Neue witzige Schüler-
antworten & Lehrersprüche

Taschenbuch.
Auch als E-Book erhältlich.
www.ullstein.de

*Was in deutschen Klassenzimmern abgeht – krass
witzig!*

Das neue Schuljahr beginnt! Bald werden Klausuren
geschrieben – und müssen korrigiert werden … Und
was Schüler da in ihrer Not an Halb- und Unwahrhei-
ten zu Papier bringen, kann Lehrer in die Verzweiflung
treiben.

Der dritte Band aus der Bestseller-Reihe über Deutsch-
lands witzigste Schülerantworten versammelt neue
Stilblüten und Ausreden, eingesandt von Schülern,
Lehrern und SPIEGEL-Lesern. Diesmal kommen auch
Lehrer zu Wort – mit lustigen Sprüchen und skurrilen
Spleens.

ullstein

Lena Greiner
Carola Padtberg

Nenne drei Hochkulturen: Römer, Ägypter, Imker

Neue witzige
Schülerantworten

Taschenbuch.
Auch als E-Book erhältlich.
www.ullstein-buchverlage.de

Ein urkomisches Zeugnis der schönsten
Wissenslücken!

Von »Ludwig Fun Beethoven« bis »Chris die Himmel-
fahrt«: Deutschlands Schüler setzen mit irren Schreib-
fehlern und absurden Wissenslücken noch mal einen
drauf. Hunderte Lehrer haben erneut Stilblüten und
Ausreden aus dem Schulalltag an den SPIEGEL geschickt. Dieser Band versammelt die lustigsten und
schrägsten Einsendungen – abstruse Antworten, faule
Ausflüchte und dreiste Notlügen. Und als Bonus in diesem Buch: Die witzigsten Lehrergeschichten und Anekdoten aus dem Schulalltag mit wirren Schülern im
Schlafanzug und irren Eltern nachts am Telefon.

Herr Schröder

World of Lehrkraft

Ein Pädagoge packt aus

Taschenbuch.
Auch als E-Book erhältlich.
www.ullstein.de

So komisch ist selten über den Schulalltag geschrieben worden!

Comedian Herr Schröder feiert seine Schüler für ihre sprachliche Kreativität, wenn sie ihn als »Korrekturensohn« oder »Lauchlehrer« bezeichnen. Beleidigungen auf dem Schulhof findet er völlig in Ordnung– solange sie im dreihebigen Jambus erfolgen.

Herr Schröder war früher selbst Deutschlehrer. Als Pauker mit Pultstatus hat er die Seite gewechselt und packt aus: über den intellektuell barrierefreien Unterricht, die Streitschlichter, die sich im Gang prügeln, über die Schulhof-Lebenserwartung heutiger Pubertiere und die Angst der Eltern, ihr Justin-Maddox habe wahrscheinlich ADAC …

ullstein